Todo Sobre Pódcast

Edición 2025

Félix Riaño

@LocutorCo

Todo Sobre Pódcast 2025

© Félix Riaño.
Primera edición, 23 de abril de 2016
Segunda edición, 23 de agosto de 2017
Tercera edición, 7 de febrero de 2018
Cuarta edición, marzo de 2019
Quinta edición, febrero de 2020
Sexta edición, abril de 2021
Séptima edición, abril de 2022
Octava edición, 30 de septiembre de 2023
Novena edición, 1 de enero de 2025

Este libro se actualiza cada año.
Es una publicación independiente autogestionada.
TodoSobrePodcast.com

Todo Sobre Pódcast

Este libro está diseñado para ser una herramienta interactiva. Puedes leerlo, releerlo, subrayar partes que encuentres relevantes, compartir fragmentos en redes sociales.
También te invito a que lo comentes y sugieras complementos o nuevos capítulos. Vivimos en una era donde las redes
sociales nos permiten conectar y enriquecer nuestras experiencias de aprendizaje juntos. Así que no dudes en usar
estos canales para hacer de este libro un recurso viviente
que continúa creciendo y adaptándose a las necesidades
de la comunidad podcasting.

El autor y el propósito del libro

Primero, me presento.

Hola.

Soy Félix, @LocutorCo, y en estas páginas, brindo una guía completa para embarcarte en la aventura del podcasting.

Desde cómo iniciar tu pódcast, seleccionar temas, técnicas de grabación, edición, distribución, hasta cómo monetizar tu esfuerzo.

Además, abordaremos los aspectos legales esenciales, como los derechos de autor y las licencias.

Esta guía no solo es técnica; también exploraremos la esencia del podcasting y cómo este medio puede enriquecer tu vida y conectar con audiencias alrededor del mundo.

Ya sea que estés comenzando o buscando expandir tu pódcast, aquí encontrarás el conocimiento y la inspiración necesaria para alcanzar tus metas en el mundo del podcasting.

Este libro está organizado en cinco partes principales para facilitar su lectura y referencia, con una estructura que proporciona un recorrido lógico y comprensible a lo largo de todas las fases esenciales del proceso de creación y gestión de un pódcast.

Cada una de estas secciones se diseñó pensando en proporcionar una ruta lógica y coherente a lo largo de tu experiencia en el podcasting. Podrás navegar por las partes en el orden presentado o saltar a las áreas que más te interesen.

Primera parte:
ENTENDER EL
Pódcast

El canal

Hoy tenemos los recursos y podemos usarlos.

Me enseñaron la comunicación como entrega de mensajes entre un emisor y un receptor, por un canal y en un contexto. Quien tiene un periódico o una radio tiene poder.

Un micrófono es sinónimo de poder. Y ahora en nuestros bolsillos hay un aparato que nos permite construir una emisora propia.

Si todos tenemos voz, ¿por qué sólo algunos han podido hacerse oír? Yo, que he trabajado como locutor por dos décadas en medios masivos, hoy escribo este libro para dar la bienvenida a todos a la igualdad de condiciones.

Hoy podemos difundir mensajes de alcance masivo con apenas un teléfono. Es un instante mágico en la historia, y estoy feliz de darte la bienvenida e invitarte a leer estas páginas autopublicadas. Vamos de regreso hacia lo más puro de la comunicación y podemos ejercer nuestros derechos aquí y ahora.

Innovación disruptiva

El pódcast es una innovación disruptiva. Al decir "disruptiva" indicamos que provoca una ruptura radical, transformándose en algo nuevo y diferente, llegando a usuarios que estaban desatendidos.

Va más allá de un simple mejoramiento del servicio radiofónico, pues es un nuevo producto sonoro publicado en diferente medio y con diferentes usos y lenguaje. Por eso, los emprendimientos nuevos pueden ganar terreno frente a las compañías radiofónicas tradicionales.

A continuación, explicaremos por qué el pódcast representa un cambio hacia algo diferente y no simplemente una mejora en lo que ya existía.

Nuevos usos

Un pódcast es un producto sonoro en plataformas conectadas en Internet. Pequeños programas ciudadanos o de emprendimientos pódcast van encontrando su lugar, captando más seguidores.

Es un cambio. Las antiguas ventajas de la radio dejan de ser decisivas: ya no es crucial tener una frecuencia en AM o FM, ni aumentar la potencia del transmisor. Tampoco es necesario transmitir 24 horas al día.

La radio tiene menos sentido cuando uno mismo puede elegir su propia programación. No hay que esperar a que suene lo que quieres oír.

TodoSobrePodcast.com

No es una mejora, sino un cambio

El pódcast representa una innovación radical que implica cambios en los estilos de vida, no es una mejora incremental. Los cambios incrementales fueron pasar de las frecuencias AM a la mejor calidad de sonido de la radio FM, o de las radios de muebles enormes al pequeño transistor portátil de pilas. Con Internet, los teléfonos inteligentes, los planes de datos móviles y la red 5G, ha cambiado la forma en que compartimos productos sonoros.

La evolución de la radio permitió llegar más lejos y con mejor sonido. Escuchar en una app o en la web de una emisora lo mismo que está sonando al aire es una mejora, una evolución.

Pero en la innovación disruptiva se modifica el juego. Por ejemplo, la app TuneIn permite oír cientos de miles estaciones del mundo y millones de pódcast que no tienen ninguna frecuencia de radio al aire.

Oír pódcast cuando quieras y además poder hacer tu propio programa es un cambio que rompe la línea del futuro de las empresas de radio. El pódcast es una innovación radical y disruptiva de la radio.

Definir pódcast

Audio o video por suscripción y el archivo digital que lo contiene.

Pódcast es audio o video distribuido en archivos digitales de descarga automática y periódica por **suscripción**, con pleno control del usuario para elegir detalles de la reproducción.

Cada usuario obtiene su propia programación personalizada, controlando cuándo, cómo y dónde escuchar.

Un pódcast **también tiene texto escrito e imagen**; tiene portada, como un disco; y puede tener una portada por cada episodio. Y tiene una descripción escrita, un título general y también un título particular para cada episodio.

No es más radio

Un audio compartido en internet es más que una forma de hacer radio.

El pódcast se diferencia de la radio porque tiene:

TodoSobrePodcast.com

- otra tecnología
- otra temporalidad
- otro contenido
- otro acceso
- otro uso
- otro lenguaje

Tiene otra tecnología

La palabra radio abrevia radiodifusión: ondas electro-magnéticas que transmiten sonidos codificados instantá-neamente. Este uso de radiofrecuencias incluye televisión, radar, telefonía móvil, y hasta las microondas del horno.

Acertaríamos más aquí al hablar del lenguaje radiofóni-co: voz humana, músicas, silencios, sonidos y efectos. Pero, ¿qué diferencia eso de un disco, un concierto o un recital de poesía? Un detalle: sólo son llamados "radio" si los oímos a distancia en un aparato receptor.

Consideremos entonces la radio como difusión por on-das electromagnéticas de audio a un sitio distante.

Pero el pódcast es tecnológicamente diferente: descarga de archivos vía RSS, como explicaremos más adelante.

Tiene otra temporalidad

El pódcast no es instantáneo como la radio. Su distribu-ción no es efímera, un pódcast se puede pausar o devolver.

La instantaneidad, ventaja de la radio para eventos de-portivos o noticias en directo, no es esencial en un pódcast. Es más bien una grabación enviada por internet para escu-cha "no lineal". Su distribución y uso se asemejan más a una revista periódica que a la radio.

¿Un pódcast es como una revista que suena? Sí. Te suscribes y recibes cada edición, puedes abrirlo a cualquier hora, saltar ejemplares, ordenar a tu gusto y abrir cuando lo decidas.

Tiene otro contenido

A diferencia de la radio, restringida a tiempos y restricciones de temas, el pódcast ofrece una libertad de contenido inigualable.

La radio busca atraer a una audiencia siempre amplia y muy diversa. En cambio, los pódcast pueden concentrarse en nichos muy específicos de interés, desde el análisis de películas hasta debates sobre ciencias, pasando por meditación guiada o lecciones de cocina.

Además, en el pódcast no hay que ajustarse a los tiempos de la radio. Los episodios pueden ser tan breves o tan largos como el contenido lo requiera. Y, a diferencia de la radio, los oyentes pueden pausar, rebobinar y volver a escuchar los episodios a su propio ritmo, lo que abre la puerta a otros formatos y enfoques.

Tiene otro acceso

Un pódcast se puede disfrutar en teléfonos, tabletas, computadoras, altavoces *bluetooth*, autorradios, reproductores de memorias SD o USB, televisores inteligentes, relojes inteligentes, altavoces inteligentes y más dispositivos que seguramente vendrán.

Aparatos que necesitan acceso a internet, que no es gratis para todos, como sí lo es el acceso a las ondas de radio.

Oír un pódcast requiere un costo de conexión que, aunque esté al alcance de gran parte de la población, no es igual para todos. Hay que conectarse a internet para descargar los archivos.

Tiene otro uso

En la radio el oyente elige los contenidos al cambiar la emisora, buscando entre lo que esté al aire en ese momento específico. Pero los horarios son potestad sólo de las emisoras. En la radio nunca se pueden oír dos programas a la misma hora en diferentes estaciones; hay que elegir una cada vez.

En cambio, la decisión al escuchar un pódcast está en manos del usuario, que puede elegir de fuentes distintas, con diferentes voces, autores e idiomas. Puede ordenar su programación a gusto individual y modificar el orden o "parrilla" cuando quiera. Puede comenzar la reproducción y detenerla con una pausa hasta que lo considere necesario, aunque la pausa tome días o semanas. Puede también alterar la velocidad de escucha acelerando lo que desee oír más rápido o más lento.

El usuario toma las decisiones de reproducción.

Tiene otro lenguaje

El *podcasting* actual equivale quizás a aquella época en la que apareció el canal MTV en televisión con videos musicales como cortas películas que antes no existían. No eran cine por usar cámaras de cine, no era radio por contener una canción, no eran programas de televisión por estar en video, no eran argumentales —aunque contaran historias— ni documentales —aunque atestiguaran eventos reales, como conciertos—. No eran nada de eso y lo eran todo al mismo tiempo.

La tecnología era de televisión, pero cambiaba la distribución al ser de suscripción y no de emisión abierta.

También cambiaba el formato, era televisión con lógica de radio.

MTV apostaba por p**oner canciones en televisión como se ponían discos en la radio.** Con presentadores en una programación continua de canciones, sólo que las canciones habían crecido más allá del sonido y eso permitía la creatividad que llevaría a un género audiovisual nuevo: el videoclip.

Quizás es algo así lo que presenciamos ahora: los pódcast no son ninguno de los géneros o lenguajes que nos han traído hasta este punto de la historia; pero, a la vez, contienen un poco de todos. Heredan de la radio, de las redes sociales, de las revistas y fanzines (distribuidos artesanalmente), aportando creatividad y nuevas formas de distribución: Oyes pódcast cuando quieras, donde quieras, con el contenido que quieras y en el aparato que quieras.

Quizás no deberíamos entender el pódcast como una forma de radio.

Público: general o específico

Los medios masivos tradicionales buscan ser pertinentes para todo el público. Pero quizás no todos quepamos en una única bolsa. Cuando pruebas a oír pódcast te das cuenta de que muchos de los contenidos apuntan a nichos de público.

Quizás por eso los primeros en descubrir los pódcast suelen estar insatisfechos con los contenidos masivos de la radio, que intenta llegar a la mayor cantidad de público; hablando a todos sobre los mismos temas y con el mismo tono.

Al tratar de hablar de manera masiva, la radio ha crecido ignorando las diferencias entre públicos y esquivando muchos temas. Intenta llegar a todo el mundo con un solo contenido simultáneo.

Espacio y tiempo

En 1906, Reginald Aubrey Fessenden emitió la primera señal de radiodifusión de la historia desde Plymouth, en la costa atlántica de Massachusetts. Con una antena y equipos de radiotelegrafía, transmitió en la víspera de la Navidad una melodía de violín y leyó un pasaje de la Biblia.

Esa señal, que pudo ser escuchada desde buques en el Atlántico, cambió las reglas de la comunicación rompiendo la limitación de la distancia. Ya no era telégrafo, ahora era radio.

Enviar el sonido hasta un barco en altamar. Fue una **disrupción en el espacio físico** para poner música y voz humana en donde no estaban ni el instrumento musical ni aquel primer locutor. La radio permitió oír instantáneamente lo que ocurría en un lugar lejano.

Con el pódcast la ruptura es espaciotemporal al combinar las posibilidades de llevar sonidos a distancias lejanas, pero grabados. Eso le da el control de la reproducción al usuario; **se rompe también el eje temporal**.

Un pódcast es más como una carta, da control total al destinatario, porque puede elegir el momento para recibir el mensaje. Cuando recibes una carta esperas a leerla en privado o a compartirla con alguien especial. Y puedes repetirla cuando desees, pausarla, recomenzar desde el punto que prefieras y hacerlo a la velocidad que elijas.

También puede hacerse eso con un pódcast, y eso es imposible para la radio.

No lineal

Un pódcast anuncia su temática en el título para que el oyente sepa qué encontrará. Está hecho para público que puede elegir qué oír sin tener que esperar. Un pódcast va directo al contenido prometido. Es similar a elegir una película por su nombre y descripción, en vez de ver televisión esperando a que aparezca algo que te guste.

Las plataformas de pódcast exhiben los títulos en un menú parecido a una cartelera de cines. El usuario mismo puede hacer su propia programación estableciendo listas de reproducción en el orden que decide personalmente.

El pódcast, entonces, es no-lineal.

En tus manos tienes el poder para hacer que un programa empiece justo cuando lo desees, que salte al siguiente cuando lo decidas o que cambie el orden según tu ánimo.

Imagínate a tu tatarabuelo —quizás acostumbrado a obras de teatro, conciertos en vivo o películas de cine—, al sorprenderse el día en que conoció el concepto de **la pausa** en una videograbadora VHS. Así mismo, un pódcast suena solo cuando queramos que suene.

Fidelidad

El pódcast permite que lo recibamos en una suscripción cada vez que sea publicado, sin tener que ir a buscarlo. Eso genera lazos de confianza entre el público y el *podcaster*.

En la radio se busca captar al espectador en cualquier momento y entretenerlo durante un rato hasta que se quiera ir. No se considera viable contar una historia extensa con un planteamiento, desarrollo, nudo, tensión, desenlace y final. La radio debe estar lista para recibir audiencia en cualquier instante y presentar entretenimiento instantáneo.

En cambio, en pódcast es habitual encontrar series divididas en episodios consecutivos y en orden, en los que cada oyente comienza la escucha desde el primer minuto de la narración.

Las aplicaciones para oír pódcast están pensadas en mantener sincronía entre múltiples dispositivos asociados a la misma cuenta. Se puede comenzar a oír un episodio largo o una serie en el teléfono y parar para recomenzar en el mismo punto, pero desde una computadora o una tableta. Alguien puede comenzar a oír en el camino a casa con auriculares y continuar luego en el televisor o en unos altavoces.

Y más allá de eso, el *feed* de suscripción a un pódcast genera fidelidad, porque da acceso al menú de episodios anteriores y además permite recibir todos los futuros episodios.

En cualquier dispositivo

El pódcast es multiplataforma: funciona en múltiples servicios y aparatos conectados a internet. Un mismo episodio puede recibirse y oírse en diferentes aparatos simultáneamente o por relevos, como gustes.

Eso hacen las aplicaciones de tipo *podcatcher* (para descargar, administrar listas de reproducción y oír pódcast), en las que te suscribes: comienzas a oír un pódcast en tu teléfono y puedes continuar después mientras conduces, conectado por *bluetooth* o por un cable al auto; en la computadora, al llegar al trabajo; seguir oyendo en una tableta, un *smart tv* o unos parlantes inalámbricos en tu casa, sin perderte siquiera un minuto del audio.

Medios y canales

Empresas o tecnologías.

Con frecuencia confundimos "medios" y "canales". Un medio de comunicación es un sistema que facilita la entrega de información a una comunidad. Por ejemplo los periódicos son medios escritos, la radio un medio sonoro y la televisión un medio audiovisual.

Por otro lado, "canales" se refiere a las vías o plataformas tecnológicas por las que se transmite la información. Así, existen muchos "Canal 13" de televisión, pero en cada país es un diferente medio de comunicación. Y en todas las ciudades existe un canal de radio en la frecuencia 88.9 FM.

Un medio de comunicación, como una estación de radio, es un componente activo en la comunicación entre un emisor y un receptor, tiene una personalidad y un estilo.

Un "medio" de comunicación pueden ser descrito como "establecido, alternativo, de izquierda o de derecha". Por otro lado, a un canal de comunicación normalmente solo se le denomina "canal electrónico", y rara vez se le atribuye una posición política o personalidad concreta.

Un pódcast puede entonces considerarse un medio de comunicación con una voz o un estilo editorial específicos.

En cuanto al canal de un pódcast, se referiría a la plataforma tecnológica utilizada para distribuir y acceder al pódcast. Por ejemplo, el canal en Spotify o en YouTube, a través de los cuales se distribuye el pódcast.

Fijación y contenidos

En la legislación sobre derechos de autor, cuando se habla de música y de sonidos emitidos al público en interpretaciones en vivo o transmitidas por radiodifusión, aparece la necesidad de delimitar la forma en la que esos sonidos técnicamente logran fijarse en un soporte que permita que se vuelvan a oír después de la interpretación original.

Allí está la magia de la grabación: Volver a **oír sonidos** que fueron producidos por personas o instrumentos **que no están ni aquí ni ahora**.

A las tecnologías que nos permiten volver a experimentar con nuestros sentidos algo que ocurrió en el pasado, se le llama **fijación**.

Y a los dispositivos materiales en los que esa fijación se almacena, se les llama **soporte**.

En música, es común que a las fijaciones originales se les llame **fonogramas**, que son parte importante de los derechos de autor de una pieza musical.

Y si son programas de audio o video que pueden fijarse en CD, DVD, archivos digitales cargados en discos duros, memorias USB o estar disponibles en plataformas de internet ¿cómo les llamamos?

En tiempos recientes se ha generalizado el llamarlos **contenidos**, como productos creativos que compartan conocimiento, información o entretenimiento. En esta categoría se habla de series de video, animación digital, *e-books*, juegos de video, y, por supuesto, debe hablarse también de pódcast.

Distribución

Pensemos ahora en la vía de distribución de contenidos audiovisuales, culturales o informativos, producidos por una persona o por una empresa dedicada a la generación y fijación de contenidos.

Podemos hablar de estudios de cine, compañías productoras de programas para televisión o nuevas plataformas digitales; o de programas de radio que serán enviados al público por un canal tecnológico, operado por un medio de comunicación o por una plataforma digital.

Hablamos ahora de **canales de distribución de contenidos**. Más allá de si tienes acceso a un medio de comunicación con licencia para operar un canal en el espectro electromagnético del Estado, puedes distribuir los contenidos audiovisuales que produzcas directamente, sin más intermediarios que las nuevas plataformas digitales. Éstas necesitan contenidos para crecer y por eso permiten que abramos canales allí para compartir nuestros productos de audio y video.

Desde este punto de vista, resulta evidente que un pódcast de audio o de video es un contenido que puede llegar al público sin haber pasado por medios masivos de comunicación tradicionales.

Contenidos y canales

Una empresa de radio, con licencia y obligación con el Estado de mantener encendidos los transmisores durante 24 horas todos los días, necesita contenidos para llenar su tiempo al aire.

Casi siempre tiene programas hechos por la misma empresa o contenidos licenciados. Por ejemplo, canciones: fonogramas cedidos por las discográficas. Hay allí una relación de beneficio mutuo, en la que la discográfica busca recibir dinero de derechos de ejecución pública, ventas de conciertos y recolección de regalías. Todo eso lo consiguen poniendo las canciones de moda, y para ello necesitan de la radio para promover sus contenidos.

Los programas hablados son usualmente exclusivos de cada estación. Algunas alquilan horarios para que productores independientes emitan su contenido.

Es común que haya contenidos producidos para radio que se publican también en canales de pódcast después de ser transmitidos..

Adaptaciones, Cross Media y Transmedia

Antes, diferenciar los medios de comunicación y sus contenidos era sencillo: la palabra escrita estaba en la prensa, lo hablado en la radio, y la imagen con movimiento y sonido en la televisión. Había una correspondencia en cuanto a los canales de transmisión y sus contenidos.

Si hablamos de cómo hacer fijaciones de esos contenidos para acceder a ellos más tarde, pensaríamos en libros para contenidos escritos, discos para contenidos sonoros y películas para contenidos de imagen en movimiento.

Pero no había muchos discos de programas hablados. En el ámbito de lo sonoro, por mucho tiempo casi todo lo que escuchábamos se denominaba radio. Este es uno de los desafíos al tratar de explicar el podcasting como algo nuevo y diferente.

Cuando las narrativas saltan de un medio a otro, a veces podemos perdernos en si estamos interactuando con prensa escrita, televisión interactiva, cine portátil o ¿radio bajo demanda?

Ahora, examinemos los tres conceptos mencionados.

Adaptaciones

Existen numerosos ejemplos de obras exitosas que, originalmente publicadas como libros, han sido adaptadas al cine, la televisión o la radio sin causar confusión. Es la misma historia, pero contada en diferentes lenguajes.

En una adaptación, el contenido salta de un medio a otro, ofreciendo una experiencia distinta, pero manteniendo la misma trama.

Una adaptación es, en esencia, una nueva creación intelectual basada en una obra original existente. Por lo general, la trama, los personajes y el tema se mantienen en la nueva obra. Un ejemplo común de esto son las películas de superhéroes basadas en series de cómics publicadas en revistas y libros.

La obra original sigue existiendo y conserva todos sus derechos intactos. El autor o titular de los derechos tiene el poder de decidir si autoriza o no las modificaciones a la obra, un posible pago de regalías, la venta o la transferencia de derechos de propiedad, y puede exigir que se respete la integridad de la creación original.

Cross Media

Un mismo contenido puede aparecer en diferentes lugares o formas. Podría ser al mismo tiempo, o estrenarse en un lugar y más tarde mostrarse en otro.

Piensa en un episodio de una serie de televisión, como *Game of Thrones*. Cuando se estrenaba un nuevo episodio, se mostraba en la televisión. Pero justo después, también se podía ver en una aplicación para teléfonos. Aunque cambie de pantalla, la historia es la misma.

Lo mismo puede suceder con un artículo que se imprime en una revista, y luego se pone en una página web, o una película que ves en el cine y luego puedes ver en DVD o en Netflix.

A veces se puede agregar algo extra. Por ejemplo, cuando compras una película en DVD, a veces viene con comentarios del director.

Un gran ejemplo de esto son los pódcast. Además de escuchar la historia, a veces te invitan a leer el texto escrito en la misma publicación del pódcast. Podría incluir imágenes diferentes por cada capítulo, enlaces para aprender más, o incluso algún extra, como un enlace o un cupón de descuento.

Transmedia

Un proyecto Transmedia se diseña de manera que su contenido se despliegue a través de múltiples plataformas, brindando a la audiencia distintas formas de conectar con los personajes, lugares y épocas de la historia.

No se trata del mismo contenido en diferentes canales. En un proyecto Transmedia, cada canal ofrece una pieza única de la historia. Cada pieza es coherente por sí misma, pero solo es un fragmento del relato completo.

Piensa en esto como una gran historia expandida en varios caminos alternos. Un buen ejemplo es la saga de Matrix. Aunque la historia principal está en las películas, también se expande en videojuegos, series animadas, cómics y libros.

Los pódcast son herramientas ideales para ampliar estos universos narrativos. Por ejemplo, la serie de televisión "El Ministerio del Tiempo" no solo se transmitió en TV y Netflix, sino que también creó el pódcast "Tiempo de Valientes", que ofrece un nuevo enfoque de la historia contada desde la perspectiva de solo uno de sus personajes.

Incluso han hecho una serie de videos en realidad virtual para ser vista con gafas VR. Y en su página web, puedes explorar un gráfico de los personajes e interactuar con una versión ficticia de la intranet del Ministerio del Tiempo para sumergirte aún más en la experiencia.

Además, han implementado una estrategia de *crowd-sourcing*, invitando al público a colaborar en un foro abierto sobre la historia de España. De esta forma, generan más contenido basado en la participación de la audiencia.

Generación de contenidos

Entenderemos la generación de contenidos como el proceso creativo de dar origen a un mensaje que será puesto en un contenedor que lo lleve a un destino.

Podríamos decir que es lo que se quiere comunicar. ¿De qué sirve una radio si no tiene nada que poner en antena? Si quieres publicar un libro, ¿qué irá escrito en sus páginas? ¿Qué estará en frente de la cámara cuando oprimas el obturador para capturar la imagen? ¿Qué sonará en el pódcast que quieres publicar?

Se tratará de un cuento, relato, narración, historia o mensaje que luego tendrá un formato y será enviado por un canal a las personas que lo "han de sacar de su empaque" para recibir ese contenido.

Ese empaque o contenedor será la fijación. Siempre alguien tendrá que generar un contenido, crearlo antes de transmitirlo.

En la nota de un náufrago, por ejemplo, el contenido será el "auxilio" y el mapa dibujado. Para transmitirlo hará falta fijarlo y ponerlo dentro de un contenedor.

Fijación y contenedor

La fijación de los contenidos permite detenerlos en el tiempo para volver a acceder a ellos.

Un relato se puede fijar en el tiempo cuando se imprime su texto en un libro. La fijación sonora se puede hacer en un disco de vinilo, en una cinta magnetofónica o en archivos MP3. Las imágenes se fijan en fotografías. Y las imágenes con movimiento y sonido se fijan en una película de cine o en archivos MOV, AVI o MP4.

En la nota del náufrago la fijación sería el papel escrito. ¿Y cuál es el contenedor? La botella: el empaque que protegerá el contenido en su viaje hasta el destinatario.

En un libro, el contenedor serían las hojas, los surcos de un disco de vinilo, el casete de cinta o el archivo de datos codificados como MP3.

Transmisión o distribución

La transmisión lleva el contenido hasta las personas que accederán a él. Puede ser una emisión de radio en antena en directo para toda una ciudad, pero también podría ser el préstamo de un disco entre amigos, una nota de audio en WhatsApp o un servicio como Spotify.

Y allí va nuestro mensaje al mar. Ahora el reto es hacer que tome la dirección correcta hacia un destinatario.

Cómo se oye pódcast

Tenemos experiencia de varias generaciones educadas para oír radio y sabemos cómo se usa un radio receptor. Encuentras un botón para encender y apagar, otro para subir o bajar el volumen y uno más para cambiar de emisora. Son solo tres cosas por combinar: a quién oír, qué tan fuerte y cuándo prender o apagar.

Oír pódcast te ofrece más opciones, pues le añades la posibilidad de recibir nuevos episodios, escoger por temáticas y elegir la velocidad para oír, el momento de inicio y en qué aparatos.

Con esa variedad se hace más complicado establecer una forma principal de uso. Por eso, las ventajas del pódcast también pueden ser a la vez una dificultad en el momento de explicarlo a alguien que no lo ha probado antes.

Hay servicios y aplicaciones que ofrecen una experiencia completa; sin embargo, cada uno resulta similar pero no idéntico.

Para comprenderlo mejor, los dividiremos en niveles. En el primero veremos los servicios de directorio, para escucha y suscripción sólo para oyentes.

En el segundo están las comunidades para *podcasters* y oyentes, que permiten subir y almacenar archivos de audio como redes sociales de escucha.

En el tercero tenemos las apps para oyentes avanzados que desean tener más control.

Podemos encontrar pódcast para oír en aplicaciones para teléfonos móviles y tabletas, y en servicios de internet de estos tipos:

- Directorios
- Comunidades
- *Podcatchers* avanzados
- Otros

Directorios

Son servicios en línea que organizan y enumeran los pódcast en un lugar centralizado para facilitar su búsqueda, descubrimiento y acceso. También pueden ofrecer reseñas, calificaciones y la posibilidad de suscribirse o seguir un pódcast.

El primer directorio de pódcast fue iTunes, hoy Apple Podcasts, y su aplicación preinstalada en los aparatos de marca Apple. Con Apple Podcasts se puede oír y suscribirse a los títulos pódcast de la base de datos de Apple.

Otro servicio muy importante es Spotify, que ofrece directorio en la web y con app de escucha Apple, Android y computadoras de escritorio y portátiles.

Aparecer en un directorio pódcast siempre es gratuito y se usan solo para oír.

Comunidades

Este tipo de servicio combina las posibilidades de escucha y carga de audios en la misma cuenta de usuario, y busca promover el encuentro entre creadores y oyentes con comunidades de tipo red social de audio.

Este modelo ha sido liderado por la plataforma Sound-Cloud. En forma muy similar funcionan el servicio español iVoox, Spreaker, Podomatic, AudioBoom y MixCloud.

Todos cuentan con páginas web que tienen sus propios reproductores, con sistema de subida o carga de los audios y apps móviles. Todos ofrecen cuentas gratuitas y también cuentas de pago, bien sea para los usuarios que quieren subir sus propios pódcast o para usuarios que desean oír sin tener que recibir *banners* y publicidades sonoras.

Podcatchers avanzados

La tercera forma de oír y usar los pódcast es, de nuevo, sólo para oír. Son apps de tipo *podcatcher* o capturadoras de pódcast.

En esta categoría encontramos aplicaciones que permiten ordenar suscripciones en formas más eficientes, permiten crear listas de reproducción y establecer preferencias de escucha con funciones extra como ecualizadores, niveladores de sonido y aceleración de la velocidad de escucha asignable a cada título al que el usuario esté suscrito.

Muchas aplicaciones permiten este tipo de gestión de suscripciones; por ejemplo: Overcast, Downcast, Pocket Cast, Beyondpod, Podcast Addict, DoggCatcher, Castro, Podkicker, Podcast Guru y la española UCast Podcast Player. La mayoría son de pago o de tipo *freemium*: gratis con publicidad o con funciones limitadas para motivar la compra de la versión completa.

Otros

En un universo de usos y prácticas tan amplio, también están las redes de redifusión de audios por descarga directa desde páginas web, desde redes P2P de archivos compartidos o de envío directo de audios entre amigos vía *email*, y desde redes de mensajería como WhatsApp y Telegram, que incluso permiten grabar notas de voz para ser distribuidas de manera viral, grupal, privada o por listas de difusión.

Finalmente, no olvidemos el método más antiguo y básico de distribución de audio: *MixTapes*, en casetes de audio y en CD grabados o quemados de manera casera; y las redes de préstamo y distribución de archivos en memorias USB, en tarjetas SD (en especial para modelos de auriculares con lector directo) o en discos duros portátiles.

Radio no tan pública

Algunas radios públicas forman un entramado complejo que ha desempeñando un papel vital en la transmisión de contenido audio por casi cinco décadas. Han influenciado la evolución del podcasting y, a su vez, el podcasting ciudadano está rellenando las brechas dejadas por radios estatales e institucionales, invitando a una mayor participación y diversificación de voces.

Por ejemplo, NPR (*National Public Radio*), es una organización sin ánimo de lucro que coordina casi 1000 estaciones de radio independientes en los Estados Unidos. Funciona con financiación pública y privada, distribuyendo noticias y programación cultural desde 1970.

También existen APM (*American Public Media*), PRI (*Public Radio International*) y PRX (*Public Radio Exchange*). PRX está asociada con Google en el Google Podcasts Creator Program.

El modelo de red de NPR opera mediante la "sindicación" o redifusión de contenidos, un concepto similar al RSS (*Really Simple Syndication*), que permite difundir información en Internet de un sitio web a cualquier software o aplicación que pueda acceder o reenviar este contenido. Así funcionan los podcast, y NPR sigue un principio similar para distribuir programas de radio entre sus estaciones afiliadas.

Las emisoras pagan una cuota anual de afiliación que les permite formar parte de la red, ya sean radios públicas o no, y pagan cuotas de programación según los programas que emitan. La filosofía del *podcasting* se alinea con la operación de NPR, permitiendo que los programas producidos localmente puedan ser difundidos a nivel nacional por las casi 1000 estaciones de la red.

Esta operación beneficia también a los productores de contenidos que logran obtener recursos al entrar al banco de programas ofrecidos por NPR a sus radios afiliadas. Esto abre la puerta para programas que de otro modo no serían viables económicamente si dependieran de presupuestos de una ciudad pequeña o de cadenas comerciales de radio.

Existen otros tipos de estaciones de radio, como las radios estatales, comunitarias e indígenas de América Latina y las radios universitarias, que producen contenido en los centros de enseñanza. Aunque estas estaciones están centradas en sus respectivas comunidades y pueden no ser conocidas fuera de ellas, tienen el potencial de producir programas innovadores. Las radios religiosas también tienen objetivos definidos y pueden sorprendernos con su contenido.

Las radios estatales e institucionales están obligadas por ley a producir y difundir contenido cultural. Esto puede significar que haya pocos nuevos productores o nuevas voces y poca participación de la ciudadanía, ya que las producciones deben estar en manos del Estado y no de los ciudadanos. Sin embargo, esta es precisamente la brecha que llena el *podcasting* ciudadano, ofreciendo una multitud creciente de pódcast independientes producidos por personas sin intereses estatales, enriqueciendo la variedad de géneros y formatos disponibles.

Este diálogo entre la radio y los pódcast, no solo revela una narrativa fascinante de evolución mediática, sino también, cómo estas plataformas pueden coexistir y complementarse mutuamente, abriendo nuevas avenidas para la creación, financiación y distribución de contenido sonoro.

La *Podcastfera*

Las redes sociales y los nuevos medios de comunicación del entorno digital están creando cibercultura y hábitos nuevos de consumo de información y de entretenimiento.

Las relaciones de 'colegaje' y amistad que aparecen de manera espontánea entre las personas con intereses en común ha permitido que el *podcasting* crezca socialmente y a la vez se desarrolle en lenguaje como un híbrido con algunas características heredadas de la radio, del cine documental, de los audiolibros, de las redes sociales e incluso de los contenidos audiovisuales con narración de accesibilidad para personas ciegas.

Aún no se reconoce a los *podcasters* como influenciadores sociales, de la misma forma en que se habla de los *tiktokers*, los *instagramers* o los *youtubers*. Pero cada día hay más personas oyendo pódcast y también cada día aparecen nuevos emprendimientos pódcast.

Las comunicaciones constantes, las colaboraciones y los encuentros virtuales y reales entre *podcasters* han dado lugar a una red de relaciones llamadas Podósfera o Podcastfera, por alusión a las capas de la atmósfera de la Tierra. El punto en común, lugar de contacto y reunión suele ser el hábitat natural de los *podcasters*: internet.

Asociaciones de podcasters y convenciones

Podcaster es una persona que se dedica a producir pódcast y distribuirlos. Es lógico que se creen asociaciones similares a las que apoyan un deporte o una afición.

Poco a poco el *podcasting* va creciendo para dar posibilidad incluso de negocio, aunque muchos seguimos una vocación antes que el interés de lucro. Solemos dedicarnos al *podcasting,* aunque no nos dé ingresos, aunque en muchas ocasiones nos cueste tiempo y dinero.

No son caprichos aislados: hay comunidades que están gestándose y encontrándose en las redes gracias al pódcast. Muchas veces surgen las comunidades con conversaciones entre oyentes en redes sociales; o en los foros de comentarios de una publicación. Hay grupos de podcasters en aplicaciones de mensajería como Telegram o WhatsApp, que permiten crear conversaciones entre múltiples usuarios.

Pero las reuniones de *podcasters* y aficionados al *podcasting* también han sido en el mundo real.

Quizás, el país con más asociaciones de *podcasters* en habla hispana sea España, donde están la Asociación Pódcast (desde 2010), la Asespod (Asociación de Escuchas de Podcasting) y la Asociación Aragonesa de Podcasting, entre otras. Además, en España se organizan anualmente las Jornadas Españolas de Podcasting (JPod) y tantas otras jornadas locales.

Pero mucho antes que en España, en diciembre de 2005 se organizó la PodCon Brasil, Conferencia Pódcast dedicada a eventos de *podcasting* durante dos días en Curitiba, Paraná.

En el mundo de habla inglesa hay todavía más actividad, con eventos, ferias, congresos y convenciones, como Third Coast International Audio Festival, en Chicago; New Media Expo, en Las Vegas; Podcast Movement, anualmente y en una ciudad diferente de los Estados Unidos; L.A. Podcast Festival y PodcaSterio Fest, en Los Ángeles; Pod Fest, en Orlando, Florida; Mid-Atlantic Podcast Conference, en Filadelfia; Asia Pacific Podcast Conference, en Auckland, Nueva Zelanda; PodCon, en Filipinas; y el International Podcast Day, que se celebra globalmente.

No hay que olvidar los eventos pequeños que conectan localmente a los *podcasters* en reuniones casi íntimas, como la iniciativa española de las Noches de Podcasting (o PodNights); y los eventos virtuales, como el #DíaDelPodcast y los Latin Podcast Awards.

Premios

Existen múltiples organizaciones que otorgan premios a producciones publicadas como pódcast. Por ejemplo los premios de periodismo suelen incluir una categoría dedicada a pódcast. Tuve el honor de ganar el Premio Nacional de Periodismo CPB en 2022, estrenando la recién creada categoría de pódcast.

También se premian pódcast en festivales audiovisuales y convocatorias estatales de apoyo a la creación cultural en diferentes países.

El primer gran premio prestigioso a nivel mundial otorgado a pódcast fue en The Webby Awards (desde 1997), donde se premian publicaciones de internet y desde 2017 tienen categorías específicas de pódcast.

En el mundo hispano, debemos destacar los Premios Ondas Globales del Pódcast, organizados en España por PRISA Audio y la Cadena SER desde 2022, en colaboración comercial con marcas como Spotify.

Otros premios en el mundo dedicados específicamente a los pódcast son los People's Choice Podcast Awards (desde 2005) los iHeart Radio Podcast Awards (desde 2019), los British Podcast Awards (desde 2017), los Sports Podcasts Awards y los Latin Podcast Awards (desde 2017).

Serial

El *podcasting* ha cobrado importancia al crear una nueva ola de atención sobre los audios distribuidos como pódcast. El reconocimiento desde los medios masivos de comunicación comenzó con *Serial*.

Se trata de un pódcast derivado del programa de radio —también difundido como pódcast— *This American Life*, que en muchos años de trabajo ha logrado crear el ambiente para que surjan en Estados Unidos pódcast de audiencias masivas, como el del comediante Marc Maron, Radio-Lab, *99% Invisible* y otros de las casas productoras Radiotopia y Gimlet Media.

Junto a ellos también han crecido en Estados Unidos muchos emprendimientos como *Radio Ambulante*, el primero de su género en español, creciendo desde Estados Unidos para público hispano y también angloparlante.

Sin el pódcast *Serial* quizás no habrían sido tan notorios el auge y la reputación de los pódcast como una oportunidad de renovación del lenguaje sonoro de lo que hasta hace poco era exclusivamente radio y de sus formas de redifusión de contenidos.

Conectado y desconectado

Debes conectarte para oír pódcast, pero no necesariamente "aquí y ahora"; no es obligatorio tener acceso a la web en el preciso momento, porque una suscripción a un pódcast te permite utilizar una de las muchas apps de escucha de pódcast y descargar los episodios que luego oirás *off line*.

Cuando te suscribes a un pódcast pasa lo mismo que cuando te suscribes a una revista, pero con audio. Al suscribirte, tu aplicación *podcatcher* descarga los episodios cuando son publicados. Y la app, o sistema que utilices, almacena los archivos de audio para que puedas oírlos cuando quieras; de la misma forma en que puedes leer una revista en el momento en el que llega a tu casa o guardarla para leer en otro momento.

Además, puedes acceder a esos audios como haces con una revista: puedes leer u oír el contenido total o parcialmente; comenzar por la edición más reciente, por la más antigua, o saltando ediciones; obtener todas las publicaciones o sólo de las que selecciones por tu interés o por tu tiempo disponible; volver a una publicación tiempo después de haberla recibido o descartarla. Tú eliges y tienes el control sobre cada ejemplar impreso y sobre cada episodio pódcast publicado que llegue con tu suscripción.

Wireless

Este sistema de descargas de los pódcast con wifi o con red de datos móviles comienza con el desarrollo de la tecnología *wireless*, que está disponible desde hace un siglo aproximadamente.

La transmisión de datos sin cables ni alambres llegó a mi país (Colombia) en 1923, con la compañía Marconi Wireless Co, que permaneció durante cerca de 20 años como la única operadora y distribuidora de radiotransmisores, encargada del telégrafo. Para 1925, apareció la primera emisora de radio: La Voz de Barranquilla.

En todos los países hispanohablantes hubo cronologías similares. En México, las primeras transmisiones de radio ocurrieron en 1921 en conmemoraciones, del centenario de la independencia; en Chile y Cuba, en 1922; en España apareció Radio Ibérica en 1923, y en Perú OAX AM en 1925.

Pero la primera de todas fue en Argentina, el 27 de agosto de 1920, por la Sociedad Radio Argentina, desde la terraza del Teatro Coliseo.

Al aire

En mi ciudad, Bogotá, se creó en 1926 la emisora La Voz de la Víctor con una historia que nos puede ilustrar cómo se desarrollaban los avances tecnológicos: El señor don Manuel José Gaitán era propietario de una tienda ubicada cerca de la Plaza de Bolívar —plaza mayor de la ciudad—, y allí comenzó a ofrecer en venta equipos de la marca que luego conoceríamos como *RCA Victor*, entre los cuales había discos, gramófonos —después conocidos como 'radiolas'—, y receptores de radio.

Pero don Manuel no lograba vender todos sus aparatos. ¿Quién se interesaría en comprar un radio en 1926. ¿Para qué podía servir ese aparato? ¿Quién lo habría oído siquiera nombrar?

El señor Gaitán decidió entonces montar una emisora en la que haría sonar los discos que tenía a la venta, reproduciéndolos con uno de los gramófonos. A partir de entonces, podría anunciarlos en las primeras cuñas comerciales, que sonarían por unos parlantes que apuntaban su sonido ambiciosamente para intentar abarcar la Plaza de Bolívar.

Eso cambiaría el panorama auditivo de la ciudad. El sonido no distinguiría entre clases sociales: La radio había llegado para quedarse, y los aparatos receptores empezaron a venderse hasta llenar ciudades, pueblos, veredas y campos lejanos —el país entero— con el sonido llevado por las ondas de amplitud modulada.

Así quedó montada aquella primera emisora, que había comenzado como una amplificación al aire libre en el espacio público y que luego pasó a antena en el espectro electromagnético, transmitiendo en 810 kilociclos de onda larga y 4895 kilociclos de onda corta.

Regulación

En 1929, el Estado colombiano empezó a acoger aquella novedad tecnológica de repercusiones sociales y creó la primera radio estatal: la HJN.

Pasaron 18 años desde las primeras transmisiones en la Plaza y 15 desde la fundación de la que llegaría a ser la Radio Nacional; y recién en 1944 el Gobierno creó la primera regulación en esta materia, mediante la expedición de un decreto por conducto del Ministerio de Correos y Telégrafos: el ministerio que regulaba a los carteros —que se movilizaban en bicicleta para comunicar a las personas— decretaba la necesidad de tener una licencia para ejercer el oficio de radioanunciador o locutor.

Las licencias fueron expedidas en tres categorías: una para locutores de noticias y otras dos nombradas como Licencia de Primera y de Segunda categoría. Con los años, se convirtieron en licencias de Tercera para reporteros y periodistas, de Segunda para locutores y prestadores de radio y de Primera para hablar en televisión desde 1954.

El privilegio de hablar

Hubo requisitos para merecer el privilegio de hablar en radio: cualquier persona, al final de todas sus intervenciones al aire, debía terminar diciendo sus nombres y apellidos completos y el número de su licencia de locución.

Para ser escuchado en la radio de mi país era necesario: ser colombiano; haber estudiado hasta 4.° grado de bachillerato (el título se obtenía en 6.°); y tener el certificado de buena conducta expedido por la Policía Nacional, así como el certificado de la Dirección de Higiene, en el que constara que el aspirante no sufría de enfermedades contagiosas.

Para obtener la licencia de locutor había que presentar un examen de lectura, dicción, vocalización, tonalidad y armonía de la voz, además de gramática castellana, idiomas francés e inglés, geografía, historia y otros temas de cultura general.

El decreto fue modificado en 1983. Ahora se podía ser colombiano por adopción, y se exigía tanto el bachillerato completo como la aprobación de un curso de locución en el Servicio Nacional de Aprendizaje SENA. En cambio, para ningún medio escrito de comunicación se pidieron requisitos jamás.

Así transcurría el derecho a hablar en los medios de comunicación en mi país hasta 1991, cuando una nueva Constitución Política de Colombia cambió las cosas.

La licencia de locución fue abolida. La Constitución que entraba en vigor decía en su artículo 20:

"Se garantiza a toda persona la libertad de expresar y difundir su pensamiento y opiniones, la de informar y recibir información veraz e imparcial, y la de fundar medios masivos de comunicación".

El derecho a hablar fue reconocido a todas las personas. Como debe ser desde nuestro nacimiento: si tienes voz, nadie puede impedir que la uses. Estoy convencido de que ahora no se trata de quién puede decir algo, sino de quién tiene algo valioso por decir.

Ahora se puede hablar por los medios de comunicación masiva, regulados por el Estado, sin importar nacionalidad, edad, sexo, religión, y sin tener certificado policial.No hace falta tener licencia para hablar en público a través de la radio o la televisión, y tampoco para hacer un pódcast.

Todo cambia

Cuando hay un cambio abrupto en el entorno, las condiciones de vida se modifican. Los problemas son distintos y las soluciones también deberían serlo.

Cambia la tecnología que lleva los mensajes y éstos cambian su forma. Hoy a nadie se le ocurriría que un mensaje rápido sea un telegrama impreso en papel. Ya no son necesarias la redacción acortada como se usaba en los telegramas, tipo "llegaré domingo tren 3pm", ni las páginas de portada de un fax en el que ponías el número de teléfono del remitente y del destinatario, los nombres de cada uno, y anticipabas el número de páginas que vendrían a continuación.

La distribución de sonidos transmitidos en directo o grabados también ha cambiado de manera importante.

Industria de distribución de audio

La industria musical ha atravesado una crisis severa, atribuida en gran medida a la piratería. En realidad, los músicos suelen bromear diciendo que siempre han estado en crisis. Desde la era de Bach, Mozart y Beethoven, los músicos han enfrentado ingresos inestables.

Podríamos imaginarnos a los compositores clásicos negociando un sueldo con un mecenas, insistiendo en el pago de cuentas vencidas por obras compuestas, recaudando dinero de la publicación de música en partituras impresas y dependiendo de la venta de estas partituras.

El siglo XX trajo avances tecnológicos que permitieron la grabación y distribución de música en discos de vinilo y casetes, expandiendo el mercado de la industria musical.

La tecnología también permitió a los usuarios hacer copias y crear *Mix Tapes*, combinando canciones de diferentes discos y sellos discográficos.

A medida que avanzaba la tecnología, las radios comenzaron a ofrecer grabaciones de sus programas. En Colombia, la radio cultural HJCK creó un catálogo de grabaciones de poesía. La Radio Nacional de España (RNE) tenía un servicio que enviaba grabaciones al público según solicitudes escritas. De este modo, la industria musical evolucionó y se adaptó a los nuevos paradigmas tecnológicos.

Piratería de sonidos

En el negocio musical basado en la venta de discos, aparecieron formas rudas de competencia industrial, como la *payola* (la práctica de pagar para que la radio difunda de manera insistente una canción que por soborno termina convertida en éxito popular).

También hay otras estrategias poco honorables en el modelo comercial de distribución de sonido, como las dobles contabilidades en las que se declara una cifra de ventas de discos ante los autores, aunque en la realidad los ingresos hayan sido superiores. Así las discográficas reducen los pagos a los dueños de las músicas o de sus licencias.

¿Cómo puede el autor o intérprete de una canción saber con certeza cuántas copias de su disco se vendieron en el mundo? En un concierto puedes contar el número de asistentes, pero cuando un disco se graba y se venden copias casi nunca hay forma de saber cuántas son fabricadas y cuántas son vendidas.

Así como podían ocultar las cifras de ventas totales de copias, una discográfica filial o licenciataria en otro lugar del mundo podía prensar nuevas copias de un disco sin declararlo. Así, en la época del vinilo, empezaron a funcionar fábricas clandestinas que llenaban los mercados con discos "falsos" que sonaban igual que los legítimos.

Hay antiguos casos de publicación pirata de vinilos, como el disco *Great White Wonder* de Bob Dylan, con algunas grabaciones del músico hechas en 1961 en un hotel de Minnesota y otras tomadas de actuaciones en vivo en el programa de televisión *The Johnny Cash Show*. La leyenda urbana decía que esas grabaciones habrían sido encontradas por dos fanáticos que tomaron cintas magnetofónicas de la basura de un estudio de grabación de California. Ese tipo de discos fue denominado *Bootleg*, término que alude a la época del contrabando de alcohol durante la prohibición en Estados Unidos.

Sí, mucho antes de la piratería casera existió la piratería industrial, que no ha sido culpada de la crisis de las discográficas como hemos oído culpar a la revolución del contenido en poder de los usuarios, desde que pudimos hacer copias en casetes o con unidades de "quemado" de CD y copias digitales *rip* en archivos MP3.

iTunes y canciones de una en una

En el año 2000, Apple compró SoundJam MP, un software de reproducción de archivos MP3 creado por Jeff Robbin y Bill Kincaid. En 2001, fue presentado al público con el nombre de *iTunes*, y en 2003 se estrenó la tienda iTunes Store para vender archivos digitales de sonido.

En esos dispositivos se podían cargar las copias 'rip' que iTunes hacía de los *Compact Disc* que tuviéramos en casa. Y se podían llenar también con las canciones que compráramos en iTunes Store.

Se podían comprar discos, que eran la forma de empacar la experiencia intangible de escuchar música. Un álbum es una caja en la que han puesto un grupo de canciones por las que pagamos, aunque sólo queramos una de ellas.

¿Y si nos gustaban artistas de discográficas diferentes? Surgían los *Mix Tapes* copiados en casa con nuestra selección personal. He ahí el gran éxito de los iPod: una forma de comprar por unidades y convertir a cada iPod en la perfecta *Mix Tape*.

¿Recuerdas la historia de La Voz de la Víctor y su dueño que quería vender discos y radios? Montó una emisora que suministraba el contenido para que sus compradores pudieran usar receptores de radio y luego se antojaran también de los discos. iTunes hizo algo parecido, porque dentro de los productos de Apple apareció el software GarageBand en enero de 2004. Era el desarrollo del programa alemán Emagic, que la compañía había adquirido en 2002 incorporando a su cocreador Gerhard Lengeling como director de software musical de Apple.

Mientras otros programas intentaban posicionarse como profesionales con precios elevados, GarageBand venía incluido sin pago extra en los equipos Mac, listo para el uso sin restricción. ¡Y con la capacidad de grabar pódcast!

Si bien eran equipos costosos al alcance de pocos, quien tuviera una Mac podía grabar un pódcast con GarageBand, subirlo a internet y darlo de alta desde su software iTunes —también incluido— para que su audio aficionado estuviera disponible gratis en iTunes.

¿Se deriva entonces la palabra *podcast* de *iPod*? Tiene sentido que una emisión (*cast*, en inglés) de audio para oír en un iPod sea llamada *podcast*.

Y en 2017, el directorio de Podcast cambió de nombre a Apple Podcasts para diferenciarlo del software y la tienda en línea iTunes.

Desde antes

Antes de 2004 ya se conocían archivos MP3 que contenían programas de radio tomados de emisiones al aire, y programas aficionados grabados por vocación. En plataformas como el primer Napster, Limeware, Audiogalaxy, Kazaa, eDonkey, eMule y otros sistemas de intercambio de archivos P2P (*Peer to peer*, redes de computadoras interconectadas sin necesidad de un servidor central).

Pero no era fácil oír series o programas a través de internet. Lo más parecido era descargar colecciones publicadas por alguna radio o quizás copias *rip* de discos. Por aquel entonces, yo descargaba los programas de radioteatro *Historias de RNE*. Me encantaban esos cuentos de suspenso y de terror que sólo podía encontrar por esa vía.

Pero el proceso para descargar los archivos y subirlos a la tarjeta de memoria de mi teléfono celular Sony Ericsson W300i (con funciones walkman) era tedioso, y al cabo de un tiempo terminaba desistiendo, quizás por no tener una forma de hacer descargas automáticas o por el caos en las redes, donde los archivos ni siquiera estaban ordenados y en muchísimas ocasiones estaban corruptos o mal etiquetados.

Esos problemas se solucionarían con la aparición de iTunes y con los sistemas agregadores de *feeds* RSS, que ya se estaban usando para blogs escritos.

Directo y atemporal

Llegamos a una ampliación de la definición de pódcast: Es un **formato de redifusión de contenidos audiovisuales directo y atemporal**.

Una vez que un audio o video está disponible en los servidores de alojamiento de datos y se tiene un *feed* de suscripciones, no hay más intermediarios entre quien genera el contenido y quien lo consume.

El productor lo sube a su alojamiento web o *hosting* (de cualquier tipo) y allí queda disponible para que el público lo use en la forma que quiera y en cualquier momento. Por eso, muchos *podcasters* saludan al comienzo de sus episodios con frases como "Buenos días, buenas tardes, buenas noches, dependiendo del momento en que escuches este audio".

Por primera vez en la historia, un programa "de radio" no necesita una radio para llegar a sus oyentes.

Agregadores

Con la popularidad de los iPods y reproductores MP3, la descarga automatizada vía RSS (*Really Simple Syndication*), previamente utilizada en blogs, ganó adeptos entre los entusiastas de la tecnología. Antes, para escuchar un archivo de audio, era necesario visitar el sitio web y descargarlo manualmente.

Los agregadores de contenido simplificaron este proceso al automatizar las descargas, acorde al concepto de suscripción, y notificar a los usuarios sobre nuevo contenido en las fuentes suscritas, eliminando la necesidad de visitar cada sitio individualmente.

Además, el término "agregadores" también se refiere a plataformas que distribuyen estos feeds a servicios como Spotify o tiendas en línea y de streaming de pago.

Del Blog al Pódcast

En 2003, Dave Winer adaptó un sistema de suscripción a blogs escritos para compartir archivos de audio de entrevistas realizadas por el periodista Christopher Lyndon. Un año después, Adam Curry, un pionero en el podcasting, creó una herramienta llamada RssToiPod (o RSS2iPod) para transferir contenido de su audio-blog a iTunes, que en ese momento era la única forma de cargar contenido en los populares reproductores iPod.

En febrero de 2004, Ben Hammersley, en un artículo para el periódico británico The Guardian, acuñó el término "*Podcasting*" (una combinación de iPod y *Broadcasting*, que significa difusión) para describir este método de redistribución de las entrevistas de Lyndon.

Inicialmente, el término Podcasting abarcaba tanto la distribución de audio como de video a través de RSS a iPods. Sin embargo, con el tiempo y el crecimiento de los *videoblogs*, se creó una distinción entre los pódcast de audio y los "Vlogs" o *videocasts*. A partir de 2005, estos últimos encontraron su lugar en plataformas de video populares como Dailymotion, Vimeo y YouTube.

Hoy, la palabra "pódcast" se refiere tanto a programas de audio como de video disponibles para suscripción a través de RSS.

Traducir la palabra: *Podcast*

¿Podríamos nombrar el mismo concepto *podcast* con una palabra más fácil de pronunciar en castellano? Algunas propuestas han sido expresiones como "radio a la carta", "radio encapsulada", "redifusión multimedia" o "podifusión".

Aunque "pódcast" no aparecía en ningún diccionario de lengua española, para la Fundéu BBVA (Fundación del Español Urgente, asesorada por la Real Academia Española de la Lengua para impulsar el buen uso de la lengua en los medios de comunicación), la palabra "pódcast" está correctamente usada en idioma español y sólo requiere añadir la tilde sobre la letra o, pues es de pronunciación llana. Se escribe y se pronuncia igual en singular y plural, y es válido decir "el pódcast" o "los pódcast".

Se recomienda acercar la palabra a la fonética de cada lengua, de la misma manera en que las palabras "televisión", "radio", "blog" e "internet" se escriben casi igual en diferentes idiomas, pero se pronuncian diferente.

Radio Digital

Hace poco en la historia, aparecieron la radio satelital y la DAB, sigla de Digital Audio Broadcasting, o Radio Digital Terrestre, en modalidades tecnológicas como IBOC (In-band On-channel); DAB (Digital Audio Broadcasting); DAB+; y DRM (Digital Radio Mondiale). Se llama señal terrestre porque es diferente a la satelital, pues se emite desde antenas fijadas sobre la tierra y no en órbita desde el espacio.

Hay emisoras de radio que emiten en señal digital y que están asociadas a la Televisión Digital Terrestre, transmitiendo audio dentro del ancho de banda asignado a cada uno de los canales de televisión.

En esas condiciones, paradójicamente hay que tener un televisor con receptor digital para poder sintonizar una radio digital, pues transmiten con un sistema de televisión como el TDT DVB-T2, que necesita un televisor compatible o un receptor adicional tipo Set-Top-Box (STB).

La radio digital funciona en países que ya pasaron por el apagón analógico: dejaron de emitir en AM y FM. Es el caso de Noruega, que comenzó a apagar todos los transmisores análogos el 11 de enero de 2017.

Para profundizar en este tema, puedes oír *este episodio pódcast*.

¿Quién puede montar una emisora?

Para hablar en radio o televisión, generalmente necesitas unirte a una compañía que posee una licencia de transmisión otorgada por el estado, además de la infraestructura y el personal necesario para operar. Aunque cualquiera puede fundar un medio de comunicación, en la práctica, crear tu propia estación de radio o canal de televisión implica superar varios obstáculos.

Primero, necesitas acceder al espectro electromagnético, que es un recurso público regulado por el Estado, pues se considera un bien inalienable e imprescriptible del territorio nacional. No cualquiera puede simplemente iniciar una transmisión; hay reglas estrictas para evitar la saturación y el mal uso del espectro.

Para establecer una estación de radio, por ejemplo, debes primero ganar una licitación pública para obtener una concesión de una banda específica del espectro. Luego, debes adquirir, instalar y mantener el equipo necesario, como antenas y transmisores, preferiblemente en ubicaciones elevadas como montañas altas o torres autorizadas. También necesitas contratar personal para operar la estación las 24 horas del día, además de encontrar un lugar para producir el contenido.

Todo esto requiere una financiación significativa, que puede provenir de fuentes privadas o públicas. Por ejemplo, los gobiernos locales o las universidades podrían tener los fondos para operar estaciones de radio con fines comunitarios o educativos.

Aunque la idea de tener tu propia estación de radio o canal de televisión suena tentadora, la realidad es que se necesita una inversión sustancial, un compromiso a largo plazo y la capacidad de cumplir con las regulaciones gubernamentales.

~~Web Radio~~ *Streaming*

Hay una radio que es mucho más barata de hacer: la radio por internet; aunque es común que las más escuchadas sean las compañías de radio tradicional al aire, difundiendo el mismo contenido.

La radio por internet también se ha llamado iRadio, Smart Radio o *Streamcasting* de audio por internet.

Más allá de esa definición, si imaginamos a las radios independientes o ciudadanas haciendo *streaming* con los mismos contenidos de la radio tradicional, es fácil prever que los públicos terminarán prefiriendo las emisoras que ya conocen en antena.

Pero un *streaming* no pasa por ondas de radio al aire en el espectro electromagnético, pasan por señales de datos que ya están autorizadas para los proveedores de ese servicio. No son propiamente radio.

Las empresas como Claro, Tigo, Movistar o Personal, tienen licencias para operar en el espectro electromagnético del país y quien emita un contenido de audio o de video *streaming* puede hacerlo bajo una cuenta de servicio de uno de estos proveedores de conexión.

Re-Definir *Podcasting*

Reconocer el poder del oyente.

Una vez explicados estos conceptos, podemos definir el *podcasting*, o la actividad de comunicarse con pódcast, como **redifusión de contenidos de audio o video** con el sistema **RSS**.

Permite **suscribirse** a **publicaciones recurrentes** y hacer **descargas automáticas** para **escuchar o ver** en cualquier equipo reproductor, en el **horario** en que el usuario decida y con el poder de **manipular la línea de tiempo**, estableciendo el orden de los contenidos, pausando, atrasando o adelantando la reproducción.

El énfasis de esta nueva definición está en la redifusión y en el poder y control del usuario final. Recordemos que RSS significa *Really Simply Syndication* o redifusión realmente simple. Usamos la palabra "redifusión" para explicar que no es difusión simultánea, sino discontinua, en el tiempo, en el momento en que se solicite.

No necesitamos navegar en la web, el medio permite redifundir automáticamente diferentes contenidos sin visitar diferetnes sitios web.

Los archivos de audio o video tienen título y texto de descripción para facilitar búsquedas; e imágenes de portada por cada pódcast y cada episodio.

Todo llega directo a una aplicación agregadora que busca, descarga y reproduce los contenidos sin que el usuario "navegue".

Hablar de otros temas

Habíamos mencionado cómo los medios masivos eligen sus contenidos pensando en alcanzar los públicos más numerosos posibles; por eso, es habitual priorizar las temáticas consideradas universales o de interés general, y por esa misma razón resultan con frecuencia en lugares comunes de temáticas, enfoques, léxico y acentos.

Buscan el mayor alcance demográfico, y eso significa, la mayoría de las veces, excluir los temas específicos o profundos.

Es común ver que la radio destine horarios de emisión importantes a farándula y a tendencias de la moda, pero no siempre a diseño, alimentación, literatura, artes escénicas o visuales, negocios, carreras profesionales, inversiones, gerencia y mercadeo, consejos y reseñas de compras, educación tecnológica, aprendizaje de idiomas, aviación, videojuegos, nutrición, autoayuda, budismo, islam, historia, filosofía, aparatos o tutoriales.

Esas son solo algunas de las categorías que puedes encontrar en Apple Podcasts o Spotify. Casi todas corresponden a contenidos que la radio no ofrece.

Con otros acentos

Nuestros países son muy diversos en regiones y acentos. Aunque los medios masivos nos hayan hablado siempre buscando un acento común, los pueblos no pierden su cultura y mantienen sus acentos, dialectos, jergas y léxicos particulares.

A las personas del Caribe que desean obtener un trabajo en radio o televisión nacional se les pide dejar su tono, su dicción y su alegría al hablar. Lo mismo ocurre con las personas que provienen de la costa pacífica, de las montañas andinas o de las llanuras.

Pasa con los medios nacionales y, aún más fuerte, con los internacionales. Es común que veamos películas dobladas en "acento neutro" y terminemos sintiendo que sólo en las películas hay "refrigerador", porque en Argentina se llama "heladera" y en Colombia, "nevera". Incluso dentro de México no podríamos unificar léxicos y acentos, porque un tomate de Monterrey es un jitomate de Ciudad de México.

Ni siquiera usamos las mismas conjugaciones y pronunciaciones.

Una visión hegemónica del lenguaje, impuesta por los medios masivos centrales de nuestras naciones, puede tener opciones diferentes con el *podcasting*.

Está bien oír contenidos con acento de nuestro barrio y de nuestra ciudad, pero jamás lograríamos crecer como humanos y ampliar nuestro conocimiento del mundo si no escucháramos también otras voces, otros acentos, otras palabras; y mucho más importante: otras formas de vivir y entender la vida.

Comunicación o información

¿Jugaste alguna vez a "hablar y no contestar"?

En mi país es un juego popular de la temporada de aguinaldos. Cada participante pasa el día intentando que el otro le responda cualquier pregunta directa. El que conteste durante el juego, perderá. Uno dice "¿Me pasas la sal?", y el otro debe pasársela sin hablar.

Es verdad que son juegos infantiles, pero ¿habías caído en la cuenta de que la radio ha estado jugando al hablar y no contestar durante toda la vida?

En los procesos de comunicación humana se ha llamado información a la entrega de mensajes con fines organizativos concretos. Normalmente, se trata de transmisión de datos que suelen ir en un solo sentido. Estás informado cuando te has enterado de las noticias del día. Pero en el proceso comunicativo de emisión—recepción de mensajes, más allá de la información, debería existir un flujo de mensajes en doble vía: hablar y contestar.

La relación que hemos tenido con los medios como la radio es la misma que tendríamos de niños con una persona adulta y superior en poder, que sólo nos hablara y nos diera información, instrucciones y órdenes sin oírnos, sin dejarnos responder, preguntar, añadir, objetar ni mucho menos controvertir.

Multilateral e interactivo

En los pódcast se dan nuevos niveles y modos de comunicación multilateral e interactiva. Cualquier nuevo o antiguo *podcaster* puede mencionar un tópico común y entrar en conversaciones públicas que se van dando en episodios de diferentes personas y fuentes.

Es posible porque cualquier persona con acceso a internet y, como mínimo, a un smartphone está en condiciones de grabar un audio y publicarlo. Ése es el primer nivel en el que el pódcast puede ser multilateral e interactivo.

Es probable que hayas recibido audios cortos vía WhatsApp o cualquier otra app de mensajería. Quizás también deberíamos considerarlo una forma básica de *podcasting*.

Pero en un segundo nivel de pódcast, suscribiéndonos en Apple Podcasts o Spotify, también podemos encontrar comunicación multilateral. Hay infinidad de voces y de canales pódcast disponibles, y por eso puedes conocer muchas opiniones más allá de la "versión oficial" que los medios masivos de conglomerados económicos publiquen.

En un tercer nivel de multilateralidad, los pódcast suelen ser más libres de compromisos corporativos, políticos y comerciales que un medio de comunicación masivo. Esto pasa porque el tamaño de una organización con frecuencias de radio al aire —por ejemplo— es muy diferente al tamaño del emprendimiento de un *podcaster*, que puede ser personal. Un *podcaster* puede opinar y expresar pensamientos o emociones que una empresa no puede permitirse.

Lo efímero

La radio está siempre disponible y es efímera en sus contenidos originales, diseñados para ser emitidos una vez y nada más. Si te pierdes la emisión, no podrás escucharla después. Por el contrario, en pódcast, cada audio está diseñado para permanecer en el tiempo, con más o menos vigencia según los temas tratados, por supuesto; pero siempre ofrece la posibilidad de ser escuchado y encontrado para que la escucha se adapte al tiempo disponible del oyente.

Quizás por eso hay más radio dedicada a noticias que a historias y narraciones. Y quizás por eso lo opuesto es posible en los pódcast, al punto de que una de las categorías de pódcast más escuchadas es sobre hechos históricos.

Disponibilidad

Cuando llamas estoy; a la hora que tú digas voy.

La radio está disponible en vivo 24 horas cada día; no importa si el oyente accede a ella a diario o cada tres meses, debe encontrar el transmisor encendido, el cual tiene que estar emitiendo, con recurso humano y tecnológico en directo. Eso la hace costosa. Es uniforme, homogénea y constante.

Un pódcast, en cambio, se acopla al tiempo de los usuarios. Cada vez que le das clic al botón de reproducir un pódcast este empieza a sonar por el comienzo. "Empieza por el comienzo", sé que parece redundancia y una obviedad, pero quizás no habías caído en la cuenta de que a la radio todos los oyentes llegan en momentos distintos.

Por eso oyes el nombre de la estación cada 4 minutos o menos; por eso se vuelve a presentar al entrevistado en cada pregunta. Para que la persona que comience a oír después de haber iniciado la entrevista entienda igual que la que lleve conectada 30 minutos.

Eso hace al discurso radial reiterativo y ligero. No es viable profundizar o extenderse en ningún tema o explicación.

La extensión y profundidad, en cambio, brillan en los pódcast, que permiten narraciones con inicio, planteamiento, desarrollo, nudo, desenlace e incluso epílogo.

¿Quién tiene voz en los medios?

Principalmente, quienes poseen o heredan un medio, y algunos afortunados que consiguen empleo en uno, aunque con restricciones como la imposibilidad de elegir contenidos o la sujeción a compromisos comerciales o políticos.

Pero volvamos a la Constitución, en su artículo 41 del capítulo 1 menciona que "*... se fomentarán prácticas democráticas para el aprendizaje de los principios y valores de la participación ciudadana*". Hoy, los blogs, pódcast y canales de YouTube facilitan esta participación sin necesidad de licencias o antenas.

Para crear un pódcast, no necesitas edad, nacionalidad, títulos, certificados, exámenes, autorización, ni mucho dinero. Solo requieres conexión a internet, un dispositivo, una voz y una historia que contar.

El reto es hallar el tema, pero no es difícil si tienes algo que narrar. Todos tenemos derecho a comunicar y poseemos historias. Comparte las tuyas y halla tu público iniciando tu pódcast.

Un pódcast es una pequeña emisora que no necesita competir con la radio establecida, y puede ser para ti y quienes se identifiquen contigo, extendiendo la posibilidad de conectar y participar en medios.

Lenguaje sonoro

No todo lo que suena es radio.

¿Cómo se diferencia el lenguaje pódcast del radiofónico, y cómo puede evolucionar sin imitar a la radio?

Según el manual de estilo de RTVE, el lenguaje radiofónico se basa en la fugacidad, recomendando claridad, concreción y brevedad dado que el oyente no tiene una segunda oportunidad para escuchar un mensaje. Sin embargo, estos pilares pueden ser flexibles en un pódcast.

La **claridad** es una gran virtud, pero debemos reconocer que en su búsqueda, la radio suele simplificar los temas, evitando explicaciones. Esto a menudo significa dejar fuera temas como la física o filosofía. En contraste, un pódcast puede explorar temas complicados sin temor a perder la atención del oyente.

Con respecto a la **concreción**, aunque la radio prefiere expresiones simples y directas, un pódcast puede aprovechar la narrativa documental o formas literarias, incluyendo retórica más rica, similar a cómo lo haría una novela o un cuento.

En cuanto a la **brevedad**, el pódcast permite episodios extensos o series de múltiples episodios consecutivos, adoptando una narración más larga, parecida a las series de televisión por temporadas.

Así, el pódcast se permite evadir la naturaleza fugaz y directa de la radio, proponiendo un lenguaje más flexible y exploratorio.

Individual o colectivo

El pódcast Serial, de Sarah Koening se destacó en 2015, captando la atención global hacia el *podcasting*. Inició en diciembre de 2014 bajo el auspicio del pódcast *This American Life*. Tras el primer episodio, el resto solo estuvo disponible en plataformas de pódcast, ganando popularidad al alcanzar dos millones de escuchas.

En 2015, *Serial* ganó el George Foster Peabody Award, normalmente otorgado a radio y televisión. Siendo un pódcast distribuido vía *feed RSS*, fue reconocido como un "Audio game-changer" en la producción de audio.

En contraste, en 1938, el radiodrama *La guerra de los mundos* de Orson Welles causó pánico en Nueva York por su formato de falso noticiero, demostrando el poder de la radio.

Al comienzo del programa había un anuncio que explicaba que lo que se oiría era un dramatizado no correspondiente a la realidad; y hacia el minuto 40 de la emisión se volvía a hacer la aclaración.

Pero la audiencia quizás llegó después del primer anuncio: el carácter fugaz de la radio hizo que los oyentes se confundieran y tomaran el falso noticiero por uno verdadero, y antes del segundo aviso aclaratorio ya se había propagado la creencia de que había un estado de emergencia por un ataque extraterrestre. Al menos eso nos contaron.

Hubo pánico en las calles de Nueva York por el error de comprensión que demostró al mundo el increíble poder que tenía la radio.

Quizás los dos hitos sean equivalentes al convertirse en giros de tuerca para la producción sonora; pero hay una diferencia importante: en 1938, la radio se oía en grupo en la sala principal de la casa, donde se reunían las familias. Y en 2015, estábamos oyendo por suscripción en teléfonos con audífonos personales.

Desde hace un siglo, la radio se dirige a los oyentes en plural. Busca impactar en grandes grupos de personas como la multitud de Nueva York que creyó en una amenaza alienígena irreal.

Pero ya no hay radio en el salón principal de las casas, y las familias no se reúnen por horas en ese salón. Ahora cada persona puede oír individualmente; y cuando considera valioso un contenido, lo comparte en sus redes sociales publicándolo con un clic.

En el podcasting se les habla a personas que eligen voluntariamente oír un contenido de entre un menú de posibilidades, que lo hacen por razones individuales y que lo comparten después de haberlo escuchado, con la ventaja de que quienes reciben la invitación pueden oír todo desde el principio.

Nadie empieza oír un pódcast después del comienzo, a no ser que sea intencionalmente. No es posible que te pierdas la advertencia del primer minuto porque llegaste tarde a la sintonía.

En un pódcast, la escucha comienza cuando el usuario lo decide. No existe el concepto de llegar tarde, porque los tiempos de escucha son individuales y no colectivos. Cada uno en su momento y a su propio ritmo.

Broadcast y Narrowcast

El término *broadcast* refiere a la difusión amplia de mensajes a través de medios masivos de telecomunicación, usando varias frecuencias y plataformas, incluyendo radio y televisión. Proveniente del inglés, *broadcast* combina "broad" (ancho) y "cast" (emisión), reflejando la intención de alcanzar audiencias masivas y generales con una sola emisión simultánea.

En contraposición, el *narrowcast* apunta a una difusión selectiva destinada a grupos con intereses comunes. A diferencia del *broadcast*, el éxito aquí radica en llegar eficientemente a las personas adecuadas, ajustando los contenidos a necesidades específicas. Esto permite explorar temas en profundidad sin temor a alienar a otros segmentos de la audiencia que podrían no estar interesados en esos temas.

El *narrowcasting* valora la relevancia del contenido para un público específico, a diferencia de las comunicaciones diseñadas para audiencias masivas.

El pódcast puede funcionar como *broadcast* o *narrowcast*, dependiendo del contenido y la dirección de su enfoque. Un pódcast puede abordar temas generales para una amplia audiencia o concentrarse en temas específicos para un grupo de interés definido. Con la conexión a internet, un pódcast tiene el potencial de alcanzar a muchos, sin las limitaciones de una señal de antena tradicional. Por ello, un pódcast de intención *broad* podría superar en alcance a una estación de radio o televisión tradicional, mientras que uno con propósito *narrow* puede operar eficientemente sin los altos costos asociados con las emisiones tradicionales.

Segunda parte:
ANTES DE GRABAR

Elementos sonoros

La voz, la música, los sonidos y el silencio son los cuatro ingredientes del lenguaje radiofónico.

Pero vamos a incluir aquí algunos más que no se mencionaban en la vieja enseñanza, que apuntaba sólo a emisiones al aire en directo. Hablaremos también de la edición, la mezcla y la masterización del audio como nuevos jugadores en la consecución de un producto sonoro terminado.

Veamos a continuación:

- Voz
- Música
- Sonidos
- Silencio
- Edición
- Mezcla
- Masterización

La voz

La voz del santo hace milagros.

Es el principal insumo de un pódcast. El manejo efectivo de la voz es esencial en un pódcast, y mejorar la dicción y técnica de micrófono viene con práctica. Al igual que un deportista, la práctica constante es necesaria para mantener un buen desempeño. Publica tus grabaciones y recibe retroalimentación, ya que otras personas pueden ofrecer valiosas opiniones que ayudarán a mejorar tu desempeño vocal.

Tu voz es tu imagen en un pódcast; así que quizás debas pasar tiempo puliendo los detalles de cómo suena y cómo quieres que llegue a sonar.

Pero no te quedes practicando a solas; publica y escucha las opiniones de otras personas que no siempre pensarán igual que tú y que posiblemente serán menos duras a la hora de calificarte. No hay peor juez de una voz grabada que su mismo dueño.

Escuchar nuestra voz grabada por primera vez, o tras un largo período, puede resultar impactante. Estamos acostumbrados a oír nuestro sonido desde dentro de nuestra propia cabeza, así que al escucharnos desde fuera, como lo hacen los demás, puede surgir una sensación de desconexión con la persona que pronuncia nuestras palabras. Es comparable a ver nuestro reflejo en un espejo por primera vez y descubrir que no lucimos como imaginábamos.

Es algo muy común entre los locutores encontrar que las personas que los conocen por la voz jamás se imaginaban su apariencia. Suponemos que la voz que oímos tiene otro aspecto físico. Cuando conoces a la persona de la voz resulta ser más alta o baja, más pálida o bronceada que lo que suponías. Siempre hay sorpresa. Esa misma sorpresa ocurre cuando oyes tu propia voz por primera vez en una grabación. No te asustes y dedícate más bien a conocerte en esa dimensión que no habías sospechado.

El contenido fundamental de una grabación hablada reside en las palabras pronunciadas. Es crucial que el texto esté bien articulado, ya sea preescrito o improvisado con fluidez. Pero el sonido de la voz aporta un valor adicional que puede potenciar el texto y llegar a encantar al oyente.

Generadores de voz sintética.

La generación de contenido de audio mediante voces sintéticas se ha vuelto una herramienta valiosa en la era digital. La tecnología de voz sintética, que transciende desde los primeros sintetizadores de voz en la década de 1930 hasta los avanzados softwares de hoy, permite convertir texto en voz de manera eficiente y realista, como lo hacen Woord o Murf. A través de múltiples técnicas, estas herramientas pueden crear voces atractivas para diversas aplicaciones, desde asistentes virtuales hasta material educativo.

La personalización es un fuerte de esta tecnología. Herramientas como la Voice Over Generator de Speechify permiten ajustes de tono y elección entre diversas voces, lo que beneficia la creación de contenido de audio único. A pesar de que las voces sintéticas pueden carecer de la naturalidad y expresividad humanas, su coste-efectividad y rapidez las hacen una opción viable, especialmente para pequeñas empresas o proyectos con recursos limitados.

Con avances futuros, se espera que las voces sintéticas se integren mejor con otras tecnologías emergentes, ofreciendo así contenido de audio más realista y personalizado, marcando un hito en la evolución de la generación de contenido de audio.

La música

La comunicación emocional más allá de las palabras.

Crear un podcast musical puede parecer una idea atractiva y sencilla inicialmente, especialmente para aquellos que se aventuran en el mundo del podcasting por primera vez. La idea de compartir y discutir canciones puede parecer divertida y fácil. Sin embargo, el uso de música en un podcast puede traer consigo varios desafíos legales.

A simple vista, incluir música podría parecer una excelente idea, pero al entender las implicaciones legales, es posible que se necesite reconsiderar. La música protegida por derechos de autor no puede ser utilizada en un podcast sin el debido permiso o licencia. Por lo tanto, no es recomendable incluir música en un podcast, a menos que sean composiciones originales creadas específicamente para el programa, o que poseas todos los derechos de autor de las piezas musicales.

Es crucial entender las implicaciones legales de incluir música en un podcast y explorar opciones que respeten los derechos de autor, para evitar enfrentar problemas legales en el futuro.

La magia de la música radica en su capacidad para evocar recuerdos y anticipar emociones. Desde las primeras notas de "Bohemian Rhapsody" de Queen, nos preparamos para la energía que seguirá. Esta anticipación, que se experimenta tanto en la música conocida como en la nueva, resalta el poder predictivo que nos otorga la música.

A lo largo de la historia, la música se ha "fijado" de diferentes maneras para su venta. Desde las partituras manuscritas hasta los diversos formatos sonoros como vinilos, casetes y CD. Luego, la digitalización introdujo formatos como WAV, MP3 y AAC, cuestionando la tangibilidad de la música. Sin embargo, los derechos de propiedad intelectual siguen presentes, distinguiendo entre derechos morales, que reconocen a los creadores, y derechos patrimoniales, que permiten la comercialización de la música.

La inclusión de música en pódcast puede parecer injusta para algunos podcasters, especialmente si se enfrentan a cargos por usar música en sus producciones. Pero, al igual que se paga por un micrófono o un software, la música también tiene un valor y un costo.

La tensión entre las entidades de derechos de autor y las plataformas tecnológicas, como SoundCloud y YouTube, destaca la complejidad de la monetización de la música en la era digital. Ambos han tenido que adaptarse, con YouTube permitiendo ahora el uso de músicas registradas, aunque desviando los beneficios económicos hacia los propietarios legítimos de los derechos.

Para evitar complicaciones legales, lo más sabio sería seguir el modelo de *pódcast* consolidados que utilizan músicas originales o licenciadas. Así, se respeta la propiedad intelectual y se evita entrar en terreno legal complicado en el vasto y complejo mundo de los derechos de autor musicales en *pódcast*.

¿Para qué usar músicas?

Ahora que estás consciente de la condición de la música que usarás, vamos a los usos que puedes darle en pódcast de audio o video. Puedes expresar un montón de cosas con fondos musicales, con cortes de canciones o con temas principales.

La música puede enriquecer tu podcast al establecer el tono emocional, describir una época o lugar, enfatizar puntos clave, o señalar transiciones y finales de episodio. También sirve como identificador único para tu programa, ayudando a dividir secciones o darle significado a ciertas expresiones.

En una obra audiovisual como un pódcast, la música se clasifica en diegética o incidental.

Música expresiva o estructural

La música es un recurso técnico esencial que, utilizado de manera adecuada, contribuye a una experiencia auditiva organizada y emocionalmente resonante. Desempeña roles cruciales con finalidad expresiva y estructural.

En el aspecto **expresivo**, la música es una herramienta poderosa para evocar una gama de emociones en los oyentes, enriqueciendo el discurso y ampliando la profundidad de la narrativa. Por ejemplo, melodías melancólicas pueden intensificar momentos tristes, mientras que tonadas alegres o épicas realzan momentos de triunfo o alegría.

Por otro lado, la función **estructural** de la música se centra en la organización del ritmo de la narración. La música puede alterar la percepción del tiempo, haciendo que ciertas secciones fluyan rápidamente o se perciban más lentas, ayudando a crear un ritmo específico que guía al oyente a través del pódcast.

Además, la música actúa como un marcador sonoro que proporciona divisiones claras entre diferentes segmentos o capítulos del pódcast, o incluso puede brindar una sensación de continuidad y cohesión entre diferentes partes de la narrativa.

Narrativa: diegética o incidental

La música en una narrativa puede clasificarse en dos categorías principales: diegética e incidental. Ambas tienen distintos roles y se emplean de manera diferente para enriquecer una historia.

Música **Diegética**: forma parte del mundo de la narrativa, siendo audible para los personajes dentro de la historia.

Por Ejemplo, en una historia de piratas, si en nuestra narración, el pirata protagonista y su tripulación están celebrando una victoria y cantan una canción de celebración, esa música es diegética. Los personajes están interactuando con ella y la audiencia entiende que esa música está ocurriendo en el mundo de la historia.

Otro ejemplo podría ser un pirata tocando un acordeón mientras se narra su nostalgia por la vida en tierra. La música, en este caso, no sólo adorna la narrativa sino que ayuda a expresar las emociones del personaje.

Música **Incidental**: se añade en postproducción para crear atmósfera o subrayar emociones, pero no es audible para los personajes dentro de la historia.

En nuestra historia de piratas, si durante una batalla en alta mar se introduce una música épica para aumentar la tensión y emoción de la escena, pero no es una música que los personajes estén oyendo, estamos hablando de música incidental.

Ambas formas de música trabajan juntas para crear una experiencia auditiva rica y emotiva. La música diegética puede ayudar a arraigar la narrativa en su mundo, proporcionando un sentido de realismo y contexto, mientras que la música incidental puede ayudar a guiar las emociones del oyente y resaltar los momentos importantes o dramáticos de la historia.

Música de fondo con moderación

La incorporación continua de música en el fondo de un pódcast puede ser contraproducente.

Primero, puede distraer y desviar la atención de la narrativa principal. Además, la exposición constante a la música puede generar saturación auditiva, lo que resulta fatigoso para el oyente y disminuye la eficacia de la música en momentos clave, dramáticos o emotivos. Afecta la claridad y comprensión del mensaje que se quiere transmitir.

En narrativas realistas, la música ininterrumpida puede disminuir la autenticidad de la experiencia auditiva. Un fondo de paisaje sonoro enriquecido con una alternancia entre música, silencio y voz ofrece una estética más agradable y una narrativa más impactante.

Desaconsejo el uso de *loops* continuos, que pueden estancar la narrativa, a menos que se desee expresar una situación particular, como la desesperación de un personaje atrapado. En lugar de *loops*, una lista de temas variados puede mejorar la dinámica del pódcast, proporcionando una experiencia temporal más rica tanto para el oyente como para el narrador.

Derechos de la música en pódcast

La música en un podcast

00:00   21:28

Puedes escuchar este pódcast al respecto.

Es diferente en todas partes

La legislación de derechos de autor se parece mucho en todos los países. Además, los tratados de libre comercio buscan un grado de uniformidad al respecto. Pero el gran problema al que se enfrentan todas las legislaciones es la desactualización, pues todas fueron concebidas y redactadas en otros tiempos, en los que se creó el modelo de la **licencia** como herramienta para autorizar el uso y los pagos por la **propiedad intelectual**.

Y el reto que nos impone el sistema de licencias es que está diseñado con dos tipos de límites:

El **límite de tiempo** permite licenciar una obra musical para ser usada por un periodo específico. Por ejemplo, puedes comprar una licencia para usar una canción en un anuncio publicitario que estará vigente por 6 meses, por 1 año o por 5 años.

El **límite de territorio** divide el mundo en países y permite que se autorice que una obra sea utilizada sólo en Argentina, o sólo en América del Sur o en 6 países.

Si sumas esos dos límites, tendrás el formato habitual de las licencias de uso de músicas. Funciona para autorizar usos de canciones en campañas publicitarias, pero no en un pódcast, que no tiene una duración específica de permanencia, como pasaría con una campaña publicitaria. Tampoco tiene un límite de alcance por países, como pasaría con una emisora de radio o un canal de televisión.

Licencia

Cuando adquieres música, ya sea comprando un disco o mediante una suscripción a servicios como Spotify, Deezer o Apple Music, no te vuelves el dueño de la música; en realidad, obtienes una licencia. Esta licencia es un permiso o autorización que te permite usar la música bajo ciertas condiciones.

Si alguna vez compraste un CD, podrías recordar las advertencias legales sobre la prohibición de préstamo o difusión pública sin autorización. Adquirías el disco, el material físico era tuyo, pero no así la música contenida. La licencia otorgada era para escuchar la música en un entorno privado exclusivamente.

De manera similar, al pagar una suscripción a Spotify, obtienes una licencia para escuchar la música en los dispositivos donde descargues la app. No puedes extraer el archivo MP3 para compartirlo ni utilizar las canciones en un pódcast, ya que esa licencia no te proporciona esos derechos.

Una licencia es un acuerdo legal que otorga permiso para hacer algo que, sin tal permiso, infringiría la ley, como utilizar una pieza de música protegida por derechos de autor. Para usar músicas específicas en un pódcast necesitas una licencia que te autorice por escrito especificando cómo, dónde y cuándo puedes utilizar esa música.

Más adelante veremos las librerías musicales que otorgan músicas con licencia.

Patrimonial y moral

Los derechos de autor tienen un componente **patrimonial**, que se puede vender, y un componente **moral**, que es inalienable y jamás se puede ignorar, ni vender ni omitir.

Los derechos morales son principalmente los créditos de autoría de una obra creada por una persona. Por eso, todas las reproducciones de una grabación, en disco o cualquier otra forma "conocida o por conocer" (pensando en formatos futuros) debe incluir todos los créditos.

Mira aquí un modelo sugerido por la Federación de Músicos de Córdoba, Argentina.

El derecho a que te reconozcan como autor de una canción no tiene precio y no se puede vender. Es un derecho moral inalienable.

Puedes pagar un disco, y el objeto material será tuyo: pero las canciones seguirán siendo por siempre de quien las creó. Por eso, seguimos reconociendo la *Novena sinfonía* de Beethoven como obra suya y no de Universal Music, aunque el disco sea de esa marca. Y tampoco es de Carlos Gómez, aunque él haya comprado el disco o pagado la suscripción a Spotify. Sé que parece tonto el ejemplo, pero a veces nos olvidamos de eso tan básico.

Domino público y sus límites

El derecho patrimonial tiene fecha de prescripción, y **la obra de Beethoven ya es de dominio público**. ¡No tenemos que pagar por ella! Pero el trabajo de los músicos que integran la orquesta que grabó el disco no es dominio público.

Tampoco podemos ignorar **los derechos de la discográfica** que pagó no sólo por la orquesta, el estudio de grabación, los ingenieros y las grabaciones de audio y de video, sino por publicar un disco y llevarlo hasta las tiendas. Aunque sean tiendas digitales, llevar la música hasta tu colección es un trabajo amparado por los derechos de autor.

Las asociaciones de derechos de autor

O "Sociedades de gestión autoral". En casi todos los países hay tres tipos de asociaciones encargadas de recaudar derechos:
- La asociación de autores y compositores
- La asociación de intérpretes

- La asociación de discográficas. En lenguaje técnico: Productores fonográficos.

Cuando usamos músicas compuestas, interpretadas y grabadas por otras personas, usamos material que les pertenece. El autor "inventó" la música. El intérprete la ejecutó. La discográfica la grabó. Todos tienen derechos y están amparados por la ley.

Por ejemplo, SGAE es asociación de autores en Espa-

ña. La compañía de alojamiento y distribución de Pódcast iVoox también está radicada en España y ha tenido un contrato de licencia con SGAE. Eso significa que si publicaras un pódcast en iVoox, tendrías una tercera parte del problema resuelto en caso de que llegaras a recibir una reclamación de derechos proveniente de España.

Pero todo lo demás no está cubierto por esa licencia. Una reclamación tendría que definirse con abogados especialistas que interpreten las leyes vigentes en cada país.

Reclamaciones de derechos

¿Podemos usar música sin pagar por sus derechos? Sí podemos, pero **no debemos.**

Que no recibas hoy una reclamación de derechos de autor para que elimines una publicación o para que pagues una multa... sólo significa que hoy no la recibiste. Pero podría ser mañana o dentro de cinco años.

Si usas músicas no autorizadas expresamente por los tres titulares de sus derechos (autor, intérprete y fonográfico) y aún no recibes una reclamación, quizás sea simplemente porque los titulares de esos derechos aún no se dan cuenta de que lo hiciste. O porque hoy no es rentable para ellos el demandarte a ti. ¿Y mañana? No lo sabemos.

En el caso de que usaras músicas protegidas por derechos de autor y te llegaran a hacer una reclamación, estarías en las manos del demandante, que puede pedirte:
- Que retires tu publicación
- Que pagues una indemnización
- Que hagas las dos cosas anteriores y además pagues en forma retroactiva por todo el tiempo que usaste la obra sin permiso.

Es posible que la compañía que hoy tiene los derechos de autor de una obra decida no perseguirte ni reclamarte. Pero es normal que a lo largo de la historia esas compañías cambien de accionistas de políticas, o que vendan su catálogo de obras a otra compañía que podría decidir ajustar las cuentas contigo.

Y si te hicieran una reclamación fuerte de carácter judicial, aunque llegaras a ganar, te costaría mucho dinero y muchos disgustos.

Creative Commons

Todas las obras están protegidas por derechos de autor, aunque algunos autores eligen no cobrar por el uso de estas; esto puede ser debido a motivos filantrópicos, estrategias de negocio temporal o planes para la difusión y crecimiento de su obra.

Es importante recordar que los derechos morales son inalienables y siempre pertenecen al autor. Incluso cuando una obra se encuentra bajo una licencia *Creative Commons*, esto simplemente indica un tipo de licencia que se otorga sin un pago económico; no significa que sea "música sin derechos".

Creative Commons es una organización que proporciona licencias públicas gratuitas, permitiendo a los autores compartir sus obras con el público de una manera menos restrictiva que las licencias tradicionales de derechos de autor permiten.

Las licencias *Creative Commons* (CC) permiten a los creadores de podcasts utilizar obras de otros en sus producciones de manera legal, siempre y cuando se adhieran a los términos de la licencia. Aquí una descripción simplificada para creadores de pódcast:

CC BY (Atribución): Puedes usar, compartir o incluso modificar la obra original, siempre y cuando des crédito al creador original.

CC BY-SA (Atribución-CompartirIgual): Puedes modificar o construir sobre la obra original, incluso para uso comercial, siempre y cuando des crédito al creador original y compartas cualquier obra derivada bajo los mismos términos.

CC BY-ND (Atribución-SinDerivadas): Puedes compartir la obra original para cualquier propósito, pero no puedes modificarla de ninguna manera, y debes dar crédito al creador original.

CC BY-NC (Atribución-NoComercial): Puedes modificar o construir sobre la obra original, pero no para propósitos comerciales, y debes dar crédito al creador original.

CC BY-NC-SA (Atribución-NoComercial-CompartirIgual): Similar a CC BY-SA, pero no puedes usar ni las obras originales ni las derivadas para propósitos comerciales.

CC BY-NC-ND (Atribución-NoComercial-SinDerivadas): Puedes compartir la obra original, pero no puedes modificarla de ninguna manera ni usarla para propósitos comerciales, y debes dar crédito al creador original.

CC0 (No Copyright): El creador ha renunciado a todos los derechos de autor y ha colocado la obra en el dominio público. Puedes usar la obra para cualquier propósito sin necesidad de dar crédito.

Para un pódcast, estas licencias facilitan el acceso legal a una amplia gama de música, efectos de sonido y otros recursos creativos. Por ejemplo, podrías utilizar música bajo una licencia CC BY o CC BY-SA como tu intro o fondo musical, asegurándote de dar el crédito correspondiente al creador original en la descripción de tu pódcast o en algún segmento dedicado a créditos.

Licencia eterna

La mejor de las opciones para usar música en un pódcast sin preocuparse por nada es tener una licencia certificada por escrito. La licencia, o permiso de uso, debe especificar quién la otorga —autor, intérprete y productor fonográfico—, por cuánto tiempo se otorga y qué territorios cubre.

Las discográficas y los abogados de derechos de autor acostumbran poner por escrito que las licencias (a favor de ellos) se otorguen "a perpetuidad" y en "el mundo entero" o en "el universo". Al poner eso por escrito se aseguran de tener licencias con límites eternos de tiempo y de territorio. Pero debe estar por escrito.

Este tipo de licencia es la que podrías tener si, por ejemplo, pidieras a un músico que hiciera una obra por encargo para tu pódcast. Aunque **una obra por encargo es una especie de excepción** a la regla de derecho único del autor, conviene que tengas siempre los documentos que certifiquen que tú pediste y pagaste por la obra, y que los autores, intérpretes y productores fonográficos están de acuerdo en cederte los derechos de uso.

Música original

Si la música es tuya, la inventaste, la interpretaste y la grabaste, eres el propietario de todos los derechos de autor y la ley te protege. Eso es aún mejor que una licencia eterna o una obra hecha por encargo.

Pero debes asegurarte de proteger esa obra con un registro ante la autoridad de Derechos de Autor en tu país, para certificar que eres el titular de los derechos y que compusiste, interpretaste y grabaste la obra en una fecha específica. En caso de que haya "coincidencias" por las que una persona o compañía sospeche que usaste su obra y quiera demandarte.

Si utilizas tu propia música original y has vendido los derechos a una editorial, discográfica o agregador digital, no puedes usar tu música en tu podcast o YouTube sin que estas entidades cobren por ello, conforme al acuerdo. Es como alquilar tu casa a través de una agencia y querer vivir en ella sin pagarle a la agencia su parte.

Música con Inteligencia Artificial

La música generada por Inteligencia Artificial, también conocida como música algorítmica, se crea utilizando tecnología IA generativa. Las herramientas IA están asistiendo a los artistas para construir melodías base, escribir nuevas canciones, e incluso crear pistas totalmente generadas por IA listas para ser subidas a diversas plataformas. Al recurrir a la música con IA, los *podcasters* podemos acceder a un amplio rango de estilos y géneros musicales y evitar problemas de derechos de autor.

Seleccionar la herramienta de música con IA apropiada, y con un precio que se ajuste a nuestro presupuesto, es el primer paso para usar música con IA en podcasts. También es importante advertir que muchos de estos servicios nacen, crecen y con frecuencia mueren bastante rápido.

AIVA.ai, es nuestra recomendada desde 2023. Usa algoritmos avanzados para analizar las emociones y estructura de la música existente, permitiendo crear composiciones originales que coinciden con el estado de ánimo o tono deseado. La herramienta también proporciona una interfaz personalizable que permite a los usuarios ajustar el tempo, la melodía, y otros elementos de la música para adaptarse a las necesidades únicas de su podcast.

Otros servicios que pueden resultar interesantes son:

- SoundRaw

- Beathoven.ai

- Soundful

- Boomy

Para la legislación de los Estados Unidos existe una posible excepción parcial a las limitaciones del uso de obras con derechos de autor. El **uso justo** se puede argumentar si se cumplen algunos requerimientos que en países hispanoamericanos pueden ser similares al **derecho de cita**.

Podríamos resumirlo como la posibilidad de usar fragmentos cortos, especificando de qué autor son, en qué obra aparecieron originalmente y quién los publicó. Estamos acostumbrados a usar el derecho de cita basados en las normas académicas para presentar trabajos escolares; sabemos bien que hay que abrir comillas para insertar un fragmento tomado de una obra y cerrar comillas para evidenciar dónde termina.

Una de las condiciones para el derecho de cita y uso justo es que se dé en un entorno académico o educativo, sin ingresos comerciales por su uso. Y que se incluya sólo para demostrar una idea o apoyar un argumento propio en lo que había dicho otro autor.

No podemos argumentar uso justo si ponemos una obra completa o si no viene al caso de nuestro objetivo propio. Veamos un ejemplo: Si pongo una canción de The Beatles en mi pódcast sobre economía, tengo pocas probabilidades de argumentar uso justo o derecho de cita. Pero si mi pódcast es sobre micrófonos y la manera correcta de ubicarlos, dentro del programa universitario de Ingeniería de Sonido, e incluyo un fragmento de 15 segundos de una grabación de The Beatles para demostrar cómo se oye un zapateo de Paul McCartney que no debió quedar publicado..., tendré más herramientas para defenderme y afirmar que he hecho un uso justo y acogerme al derecho de cita.

Ocho compases o 15 segundos

Pese a que muchas personas creen que es legal usar ocho compases de una canción o incluir hasta 15 segundos de una grabación, son ideas sin piso legal. Todo depende de las normas escritas en la Ley de Derechos de Autor vigentes en el país donde alguien decida presentar una demanda por violación a sus derechos.

Los ocho compases pueden ser tenidos en cuenta cuando se trata de **disputar la autoría de una canción**. Es posible que alguien componga una obra y que se parezca a otra, por lo cual, los ocho compases —sólo en algunos países— se tendrían en cuenta en demandas entre dos autores por la armonía (acordes) de una canción. Una disputa por una melodía estaría fuera del rango de esos ocho compases y con apenas uno se podría establecer un caso de plagio.

Nunca se usa la hipótesis de coincidencia fortuita de ocho compases entre una canción y un pódcast. Al comparar compases, la disputa se fundamentará en las partituras de la obra. Y un pódcast no tiene partituras. **Basta con que hayas utilizado un disco para que seas culpable.** Una grabación publicada antes que tu pódcast demuestra que no has compuesto una nueva obra.

Con los 15 segundos pasa igual. Algunas personas creen que serían sólo 10 u 8 segundos. Pero el resultado es el mismo: al reducir el tiempo de uso de un fragmento de una canción sólo reducirías las posibilidades de que te encuentre una "araña" o robot buscador de músicas usadas sin licencia. Cada día, esas tecnologías son más precisas y tienen más alcance. Si no te pillan hoy, podrían pillarte mañana o dentro de cinco años.

Castigos

¿Qué te puede pasar si violas los derechos de autor de un músico o de una discográfica al usar sus grabaciones sin tener licencia? En un caso extremo, pueden demandarte como cuando Metallica demandó a algunos usuarios de Napster por compartir sin permiso su música.

También **pueden exigirte un pago retroactivo** de la licencia, al precio que ellos establezcan, porque, si usas las grabaciones sin permiso, ya no tendrás oportunidad de negociar o decir que "no" aceptas el trato. Pero lo más común que puede pasarte en SoundCloud y en YouTube, plataformas en las que ya han regulado de alguna manera el uso de músicas no autorizadas, es que **te bloqueen un audio**, lo borren si no respetas las normas a las que te comprometiste cuando entraste en la comunidad y abriste la cuenta.

TodoSobrePodcast.com

Y en caso de reincidencia, **te pueden borrar toda la cuenta** en tu servicio de alojamiento. Ya sea en YouTube, SoundCloud, Spreaker, iVoox, Libsyn o el que hayas elegido. Esas compañías tienen que responder a una petición legal de una persona o compañía propietaria de derechos de autor. Y la manera más rápida y eficaz es borrar los audios o toda la cuenta del infractor.

Actualmente, YouTube tiene acuerdos con las discográficas por los cuales ya no te borran un contenido, pero **lo pueden bloquear en algunos países** (límite de territorio de las licencias) o pueden hacer que tú no sólo pierdas el control de ese contenido específico, sino que tu trabajo sea monetizado en favor del dueño de los derechos y tú no tengas ningún ingreso por esa obra utilizada sin permiso.

Y claro, existe la posibilidad de que no te pillen y por eso no te castiguen... todavía.

Si no te pillan, es porque muy poca gente se da cuenta de lo que estás haciendo. Crecer y tener más notoriedad en tu trabajo significará siempre correr mucho más riesgo si usas músicas sin licencia.

Librerías musicales

Para usar músicas seguras y legales tenemos dos opciones: las librerías de música *Creative Commons*, como la de Filmmusic.io, que da una licencia de uso a cambio donaciones y que siempre incluyas los créditos, como atribución de la obra, y un enlace a ella.

Y también librerías de música de pago, como Epidemic Sound, que da licencia para usar las músicas e incluso para monetizar con ellas desde el primer día. Además de tener un gran catálogo de músicas y de efectos, te permite descargar *steams* o partes de la pieza musical para que puedas reordenarlas según lo requiera tu proyecto tanto en pódcast como en video para cualquier plataforma.

A continuación tenemos una lista de fuentes de música con licencia para usarse en pódcast:

Audiio: Altamente recomendado por su relación costo-beneficio. Ofrece dos planes principales:

• *Lifetime Music*: Por un pago de una única vez, de $199 (con descuento usando el código LT2023), se tiene acceso a un catálogo de música ilimitada, actualizaciones diarias de música y monetización en YouTube.

• *Audiio Pro*: Con un costo anual de $99 (descuento aplicando el código SAVE100), incluye catálogos de música y efectos de sonido con descargas ilimitadas, actualizaciones diarias y una licencia universal sin tarifas de actualización.

YouTube Audio Library: Una colección gratuita bajo licencia Creative Commons.

Banco de sonidos de la BBC: Apto solo para productos con propósitos educativos o académicos.

Freesound: Ofrece una variedad de efectos de sonido bajo licencia CC y otros que requieren atribución.

Epidemic Sound: Otorga licencias con una suscripción mensual que oscila entre 15 y 49 USD.

Blue Dot Sessions: Ofrece varias opciones de licencia, incluyendo la posibilidad de pagar por canción.

Artlist: Con una suscripción anual de 200 USD, lo que descargues es tuyo para cualquier uso de por vida.

Purple Planet: Ofrece música gratuita para contenidos no patrocinados y con fines educativos o académicos, además de opciones de licencia paga.

Free Music Archive: Ofrece música bajo licencia CC con atribución.

Transistor: Música bajo licencia CC con atribución.

The Podcast Host Library: Requiere atribución en sonido y texto.

99 SOUND EFFECTS: Colección de sonidos libres de regalías.

Rolemusic: Ofrece música 8bits bajo licencia CC 3.0.

Filmmusic.io: Esta plataforma presenta una comunidad en crecimiento de artistas que muestran sus obras. Con piezas musicales disponibles de forma gratuita y también pueden ser utilizadas en contextos comerciales, siempre y cuando se cite adecuadamente a los artistas y se respeten los derechos de autor. La licencia estándar es "Attribution 4.0 International (CC BY 4.0)". Bajo esta licencia, tienes la libertad de compartir y adaptar el material, incluso con fines comerciales, siempre y cuando sigas los términos de la licencia.

Estas librerías ofrecen una amplia gama de opciones para creadores en busca de música y efectos de sonido de calidad. Es esencial revisar siempre los términos de uso y las licencias antes de usar cualquier recurso en tu proyecto.

Audios recomendados sobre música y derechos de autor en pódcast:

1 Unión Podcastera: Música en los pódcast, mitos, licencias y más...

2 Cuaderno de Podcasting, por Francisco Izuzquiza

Los sonidos

Todo suena. La comunicación auditiva tiene más recursos que sólo voces y música.

Más que de sonidos o efectos sonoros (SFX), hablemos de la sonorización de un pódcast, que puede incluir, por supuesto, los efectos de sonido, pero también sonidos ambientales, ruidos de fondo y paisajes sonoros.

Para dramatizaciones podemos hacer *foley*, retomando este arte de la cinematografía para la recreación de todos los sonidos que se producirían naturalmente en la acción que estamos narrando, pero que son casi imposibles de captar y mezclar correctamente con tomas de sonido directo.

Por ejemplo, sonidos de cubiertos en los platos, de puertas que se cierran o abren, de ruedas de bicicletas y de tantos otros que pueden aportar mucho, pero que no son fáciles de capturar en el sonido directo de una grabación en exteriores. También son útiles para construir paisajes sonoros ficticios sobre una grabación efectuada en un estudio con aislamiento acústico.

Dentro de la sonorización, son importantes los planos sonoros, que deben destacarse en la mezcla final del audio. Con base en ellos se decide poner, por ejemplo, reverberación o eco a alguna de las voces, o corregir ecualizaciones para que las palabras se comprendan mejor o para simular situaciones que sean requeridas por la narración. Se pueden también adjuntar ambientes audibles de lugares específicos, como una estación de trenes, un estadio de fútbol o lo que se requiera según el caso del libreto y el propósito del pódcast.

Esta sonorización podría ser también la captura del sonido real de una situación específica de grabación, al dejar que el ambiente general del sitio donde se está grabando forme parte del producto final. Por supuesto, hay *podcasters* que buscan un sonido nítido y puro, como el que se obtiene en un estudio profesional aislado de todos los ruidos externos. Ese tipo de sonido es útil para centrar la atención en el contenido del texto en palabras; pero también puede ser fatigante, especialmente para episodios pódcast de larga duración. Quizás sea buena idea añadir sonidos que ayuden a recrear la imagen audible de lo que ocurre en la narración o conversación, o a representar e ilustrar con sonidos que quizás no existirían en un ambiente real, pero que pueden contribuir a la puesta en escena.

El silencio

Un lujo que la radio no puede darse.

Detener el sonido por un instante es uno de los elementos importantes de la música y del habla humana. No es posible establecer un ritmo sin los silencios como parte esencial de cualquier mensaje audible. En las conversaciones los silencios aportan infinidad de connotaciones, de sentido adicional al discurso, además de hacerlo más natural y honesto.

El silencio es esencial en una comunicación efectiva; pero estamos acostumbrados a que la radio lo evite con desespero, habituándonos a formatos radiofónicos en los que un silencio es considerado un grave error.

Percibir el silencio como algo malo posiblemente tiene una explicación técnica que resulta fuera de lugar en medios sonoros distintos a la radio: el ruido natural QRN. Se produce a partir de fuentes naturales como el ruido atmosférico, originado en la tropopausa que separa a la troposfera de la estratosfera del planeta, donde las descargas eléctricas que vemos como rayos y relámpagos generan ondas de radiofrecuencia que afectan las transmisiones radiales a cientos de kilómetros de distancia.

Se percibe con más notoriedad durante la noche, tiempo en que acentúa su interferencia; por ejemplo, cuando la estación de radio que estás oyendo se queda en silencio, pero oyes ruido.

En la radio análoga, un silencio en la emisión tiende a llenarse por estática y ruidos de la transmisión: el QRN y también el QRM —este último corresponde a ruido artificial de fuentes originadas por los humanos, como el que hay cuando el silencio de una emisora se llena con el sonido de otra en una frecuencia próxima—. O por una estación de radio muy distante en territorio, pero con la misma frecuencia, cuya señal está siempre presente, pero ahogada por la potencia de la estación local, que al quedarse en silencio pierde la batalla de potencia.

El efecto sonoro para el oyente es el mismo de girar el dial aun sin tocarlo. Es consecuencia del cambio de potencias en las múltiples señales de radio presentes en una constante 'guerra de volumen', de la que no somos conscientes.

Sólo notamos un sonido constante cuando se detiene. Es la sensación que experimentas cuando se apaga el refrigerador en la cocina y notas que lo habías estado oyendo por horas sin darte cuenta.

También en el silencio se materializa el mayor de los miedos de las estaciones de radio: cambiar la emisora.

Aún se cree que, al primer silencio, todos los que oyen radio se pasarán a oír a la competencia. Son, como se ve, aversiones al silencio que no tienen asidero técnico en los formatos digitales como los del pódcast.

El silencio absoluto no existe, porque todo en el universo emite sonidos, empezando por nuestro propio cuerpo. Siempre estamos oyendo algo, y es eso lo que nos permite ubicarnos en el espacio que ocupamos, al percibir la reflexión del sonido en las superficies cercanas. O mantener el equilibrio, ya que el oído no sólo procesa el sentido de la audición, sino que también es el órgano que nos proporciona equilibriocepción y nos permite caminar sin caernos.

En la vida real sin micrófonos ni transmisores —desde antes de la invención de la radio—, el silencio no es un error, sino una ausencia temporal de un sonido dominante. Puede generarse en forma natural o intencionalmente por uso dramático, como en el teatro o en la música, para darles un nuevo valor a los sonidos anteriores y posteriores.

Un silencio en el habla se produce en forma normal y natural cuando una persona está pensando cuidadosamente lo que va a decir a continuación. De manera refleja e intuitiva, los que le escuchamos nos preparamos para prestar más atención a lo que oiremos.

También nos produce un sobresalto en el ritmo y nos vuelve a atraer si llevamos varios minutos oyendo un sonido constante. Un silencio bien utilizado es una excelente forma de mantener o retomar la concentración de la audiencia o de resaltar la importancia de lo que se oirá después de esa pausa.

Además, un silencio puede ser la ocasión para que quien escucha cuente con un instante para procesar la información que acaba de recibir. Una técnica muy sensata entre los comediantes, por ejemplo, invita a dejar un breve silencio cuando el auditorio está riendo, para dejar que el buen humor fluya y que nadie se pierda las palabras que vienen después.

El silencio natural en el habla permite hacer pausas reflexivas; acentuar y dar valor dramático a la idea que está concluyendo o a la que comenzará; establecer una diferencia entre dos ideas o crear una expectativa a partir del suspenso que queda al cortar el sonido intencionalmente.

La edición

Recortar todo lo que no sea imprescindible elimina distracciones y ahorra tiempo de escucha. Pero además se puede narrar mejor al recomponer y reordenar diferentes planos en el tiempo.

El manejo del tiempo en una producción sonora es fundamental. Equivale a la distribución del espacio en un diseño gráfico, pues en sonidos un relato tiene una estructura estrictamente temporal, especialmente cuando de palabra hablada se trata. Por eso, el discurso puede hacerse tedioso o dinámico dependiendo principalmente del uso de la temporalidad y la estructura de los cambios de ritmo y de sonidos.

Hoy día, una grabación sonora puede corregirse en su disposición temporal fácilmente con el uso de software de diversos tipos para cortar fragmentos, eliminar partes, acelerarlas, hacerlas transcurrir más lentamente, o cambiar el momento en el que ocurren. Esto equivale a alterar la línea de tiempo en la que transcurre todo lo que oímos en una grabación.

La primera utilidad de la edición es retirar las partes erróneas de una toma de voz. Fácilmente se puede pulir el discurso textual grabado y acortar la duración al eliminar frases o párrafos enteros fallidos en la toma de voz. También sorprende a cualquier *podcaster* el hecho de notar cómo se enriquece su discurso al recortar todas las muletillas y las expresiones de duda en el habla normal, como los sonidos "eh" y "aaah", que emitimos sin darnos cuenta mientras estructuramos en el pensamiento la frase que vamos a decir.

Antiguamente, la edición de sonido se hacía sobre grabaciones en cinta magnetofónica, y el procedimiento se realizaba con un bisturí, cinta adhesiva y una guía metálica que tenían las grabadoras de cinta en carrete abierto; basado en esa guía, el operador de audio iba cortando con el bisturí trozos de cinta adhesiva y pegándolos en el carrete para crear cortes y empates. Era, entonces, una labor artesanal que requería mucha paciencia y dedicación para que el editor ubicara los puntos que serían cortados de la grabación y los marcara con un papelito puesto dentro del carrete de cinta, que al girar aprisionaba el papel marcando el punto donde se haría el corte. Una vez que se habían elegido los lugares de la cinta donde se haría el proceso de edición, se retrocedía la cinta hasta que cayera al piso el papelito, indicando que ésta estaba de nuevo en el punto marcado.

El editor hacía girar la cinta manualmente sobre la cabeza lectora de la grabadora, como un DJ hace con la aguja y un vinilo, para marcar con un crayón o lápiz de cera el punto exacto de corte de salida y el corte de entrada de la edición. Con estas marcas dibujadas se liberaba la cinta de los rodillos de la máquina grabadora, y sobre la guía metálica de corte se seccionaba la cinta con el bisturí; luego, había que pegar con la cinta adhesiva los dos extremos para volver a poner la cinta entre los rodillos y los tensores de la grabadora, y continuar la reproducción o la búsqueda de los otros puntos marcados para cortar y pegar.

La guía de corte metálica de la cinta tenía dos marcas en bajo relieve para conducir el corte de la cuchilla: una, seccionando transversalmente la cinta para hacer cortes directos entre sonidos; y otra, en diagonal para que, al pegar de nuevo las dos puntas de la cinta, fuera gradualmente desapareciendo el sonido que salía y apareciendo lentamente el sonido que entraba. ¿Suena complejo y dispendioso? Lo era. Podía tomar muchas horas, y cualquier error era incorregible, pues la cinta podía estropearse y con ella todo el programa grabado.

Las similitudes son muchas con el proceso del montaje cinematográfico con moviola, por lo que quizás también encontremos una similitud entre el lenguaje del cine y el de los pódcast, entre los que se han destacado los estilos de tipo documental, como en *Serial*, *Radiolab* o *Radio Ambulante*. Y esto está seguramente emparentado con el montaje o edición que permite usar figuras retóricas en la narración. Algunos de esos giros inspirados en la literatura que pueden encontrarse tanto en una película de cine como en un pódcast, gracias a la edición que se efectúa juntando o superponiendo sonidos, son:

La elipse, que permite recortar fragmentos del discurso que podrían resultar obvios, o que sirve para aligerar el ritmo de la narración.

La repetición, cuando oímos de nuevo un sonido, una frase o una palabra para enfatizar su importancia en el discurso o para darle un ritmo más agradable al producto sonoro.

La alegoría, que otorga significado simbólico a un sonido al ponerlo en momentos específicos de la narración. Está relacionada también con el uso de músicas de tipo *leitmotiv* o tema musical recurrente que acompaña una situación o a un personaje en repetidas ocasiones al punto de llegar a anunciarlo.

La prosopopeya, que nos permite ponerle voz o caracterización sonora a un objeto que no emite sonidos o palabras en la realidad.

La sinécdoque, en la que el sonido de una parte nos puede construir la imagen de un todo; por ejemplo, el uso del sonido de un avión para comunicar el concepto de un viaje o cambio de continente, o el de unos grillos para explicar rápidamente que lo que se oye transcurre durante la noche en el campo.

La ironía, que resalta incongruencias del discurso para inducir un pensamiento en el espectador.

La metonimia, en la que una palabra o concepto puede ser reemplazada por una música o un efecto sonoro.

La metáfora, en la que una idea se representa con otra a partir de una semejanza o un paralelo establecido al juntar los sonidos para darle un nuevo o un segundo sentido en la mente del espectador.

El proceso actual de la edición conserva mucho del saber artesanal original de cortar y pegar; pero ahora se hace fácilmente con software gratuito, como Audacity y Garage Band de Apple, y con software de licencias de pago, como Audition y Logic Pro.

También se utiliza el programa Hindenburg "Journalist", pensado especialmente para producir pódcast con capítulos que contengan fotos y enlaces, o el programa de los estudios profesionales de grabación: Pro Tools, que es el software más utilizado en la industria de la grabación, y se considera el "estado del arte" o el más avanzado, como para convertirse en el estándar exigido y ofrecido por todos los estudios profesionales de producción audiovisual.

Por suerte, Pro Tools tiene desde 2016 una versión gratuita de su software, la cual está disponible para usuarios que no requieren de las capacidades más avanzadas y poderosas como las de grabar discos o mezclar películas de cine. El Pro Tools First, gratuito, aunque sea sólo una versión limitada del que se utiliza en los estudios de primer orden en el mundo, está suficientemente dotado para cubrir las necesidades de un *podcaster*. Aprender a usar rápida y eficientemente estos programas puede tardarse un tiempo significativo, pero siguiendo buenos tutoriales (como éste para Audacity en video, o éste escrito para Audition) se puede lograr entenderlos y aportar muchísimo a la calidad final del producto ofrecido al público.

Capítulos

Como nota final y muy relevante con respecto a la edición de un pódcast, es oportuno decir que éste es un medio de redifusión de contenidos que pone en las manos del usuario varias herramientas importantes: los botones de adelantar y retroceder el audio saltando por intervalos; la barra de tiempo para elegir con precisión el punto para oír con desplazamiento hacia delante o hacia atrás; y el selector de velocidad de reproducción, que muchas aplicaciones tienen para oír pódcast más rápido o más lento que la velocidad con la que fue grabado. Esto quiere decir que el destinatario final del producto tiene la opción de hacer su propia edición a gusto personal en el momento de escuchar el audio.

También hay un último nivel de edición interactiva entre el productor del pódcast y el usuario, que es posible al establecer capítulos dentro del episodio pódcast, con marcas "*cue*" que pueden albergar una ubicación de tiempo dentro del audio, títulos e imágenes de capítulos que se pueden incorporar al audio usando plataformas como Spreaker o Podomatic y exportando el audio con algunos sistemas de edición, como Auphonic, que permiten añadir marcas de capítulos.

Este tipo de marcas no son visibles en todos los reproductores de pódcast. También se pueden crear las marcas fácilmente al grabar o emitir un pódcast con la app Spreaker Studio, que crea una marca de capítulo en cada momento en el que comienza a sonar una canción o audio pregrabado puesto en su aplicación de creación para móviles o para computadoras de escritorio. Estas últimas marcas llevarán por título el mismo de la canción o el audio pregrabado y serán fácilmente visibles en el reproductor web de Spreaker.com y en las apps de esa misma marca para iOS y Android.

Una forma más simple de dividir un episodio en capítulo consiste en escribir una lista de contenidos del episodio que esté en el texto de la descripción con los números del minuto exacto en el que comienza cada uno. La mayoría de los reproductores pueden saltar a un punto específico del audio sólo con poner los números correctos del minuto y del segundo separados por el signo de dos puntos (Minutos: Segundos) (Por ejemplo, 07:22). Funciona incluso en YouTube.

La mezcla

Hacer que el cerebro entienda el espacio auditivo y lo disfrute.

La edición de programas de audio, con la misma lógica lineal del montaje cinematográfico, se hacía originalmente en grabaciones monofónicas o en estéreo. Durante muchas décadas, la grabación multicanal fue exclusiva para la música, en estudios muy costosos en cuanto al montaje y con enormes máquinas de grabación en cintas magnetofónicas de hasta una pulgada de ancho, para poder albergar cuatro, ocho, dieciséis, veinticuatro y hasta 32 pistas diferentes en una misma grabación.

Al utilizarse para grabaciones musicales, cada una de estas pistas era asignada a un instrumento para poder grabarlos a todos y luego hacer una mezcla final otorgando a cada sonido un lugar en el espacio sonoro, de modo que se pudiera escuchar la grabación como un todo con las mejores condiciones de nitidez posibles. Así se aseguraba que la voz del cantante nunca quedara más baja que cualquiera de los instrumentos y que todos tuvieran importancia y su justa proporción de volumen.

Con la aparición del software de grabación, esta tecnología multipistas se hizo viable también para grabación de programas de audio; todos los elementos sonoros están ahora en una misma sesión de grabación, dispuestos en el orden cronológico en el que deberán sonar de acuerdo con el diseño establecido en el proceso de sonorización. Los sonidos pueden y suelen estar presentes simultáneamente, y, al llegar a la mezcla final, cada pista de la grabación debe tener un proceso para crear un solo y único espacio sonoro, que se le ofrece al oyente.

De esa forma, tenemos usualmente una o varias pistas de voz, que deben ser mezcladas con las músicas, los efectos sonoros, los ambientes, el *foley* y quizás otras cosas según cada proyecto. Pero no perdamos de vista el objetivo: crear un espacio sonoro que transmita de la mejor manera posible el contenido del programa. Esa espacialidad que buscamos será la que perciba el cerebro de cada oyente para recrear un escenario en el que transcurre la narración, por lo cual la mezcla buscará crear planos de proximidad o lejanía de los sonidos para ser comprensible y agradable.

Necesitamos uno de los programas de grabación multipista recomendados en el capítulo anterior. En primera instancia, digamos que un objetivo básico puede ser lograr que todas las voces participantes suenen con la misma potencia sonora o volumen; pero también que las palabras pronunciadas sean comprensibles sin demasiado esfuerzo por parte del oyente, y que las músicas y los efectos no interfieran en la comprensión del texto, pero que tampoco estén demasiado tenues.

Para crear esos planos sonoros debemos establecer un mapa imaginario y distribuir los elementos entre cerca o lejos, izquierda y derecha. Así definiremos qué sonará en primer plano (suelen ser las voces) y qué otros sonidos estarán en ese primer plano en diferentes momentos.

Muy brevemente veremos nuestras herramientas en cada una de las pistas por mezclar; pero antes de comenzar conviene asegurarse de tener un buen equipo de escucha para oír en forma correcta y tomar decisiones con las referencias sonoras adecuadas. Es recomendable tener un excelente par de altavoces amplificados o unos audífonos en perfecto estado y sin alteraciones de sonido de ningún tipo. No se recomiendan auriculares de bajos pronunciados *mega bass* ni de simulaciones de 3D ni de modo *movie*. Se deben usar auriculares o monitores de audio que no alteren el sonido. Y, para habituarnos a su calidad, podemos recurrir al truco de oír con ellos un par de canciones de nuestro artista preferido antes de comenzar la mezcla. Así preparamos los oídos para tener referencias correctas.

Ecualización:

Modifica el volumen de una pista grabada en frecuencias específicas, lo cual permite priorizar las cualidades del sonido grave, medio o agudo. Hay ecualizadores gráficos y paramétricos; los primeros suelen ser más fáciles de usar intuitivamente, pero los segundos son más precisos. Permiten elegir la frecuencia en la que vamos a subir o bajar el volumen, la distancia entre esa frecuencia y las cercanas que también serán modificadas, y la cantidad de volumen que añadimos o quitamos. Para no cometer errores que conduzcan a ruidos de saturación por mal uso de los ecualizadores hay que utilizarlos preferiblemente para bajar el volumen y no para subirlo.

El propósito final de la ecualización de cada pista de sonido será limpiar el sonido de cada fuente, retirando todas las frecuencias que no sean necesarias en cada canal, para luego distribuirlas como si se tratara de asignarle un matiz de "color" sonoro individual a cada pista, de modo que suene lo más nítido posible y que, preferiblemente, su matiz particular no esté compartido con otras pistas que suenen simultáneamente con igual potencia. Si hay diferentes voces grabadas, conviene que estén en pistas diferentes y que tengan el matiz que más favorezca a cada una para resaltar sus diferencias y conseguir un conjunto armonioso en el que cada voz, con características únicas, complemente a las demás.

Se recomienda ecualizar las voces bajando el volumen casi totalmente en frecuencias bajas inferiores a 80 hercios, ya que ese registro suele estar fuera del alcance de la voz humana; pero los micrófonos sí pueden captar otros ruidos de fondo. Es algo similar a la luz infrarroja, que no podemos percibir a simple vista. Al bajar el volumen de esas frecuencias en las pistas de voz, ese rango de sonido quedará más limpio y comprensible en nuestra mezcla final. En las voces femeninas la reducción de bajos puede hacerse desde una frecuencia más aguda, como 100 hercios, por ejemplo, dependiendo siempre de las cualidades sonoras específicas de cada voz. El mismo proceso de corte de bajos se hará con voces infantiles y con otras fuentes de sonido limpiando cada vez más el espectro sonoro con ecualizaciones que impidan el paso de frecuencias por canales para dividir las señales en la forma más nítida posible. Podríamos equiparar este proceso con la división de color CMYK (azul cian, rojo magenta, amarillo y negro) o RGB (rojo, verde y azul) de los impresos, en la que cada color primario queda puro y aislado para ser procesado y luego es unido a los otros al final con mejor definición.

TodoSobrePodcast.com

No hay que temer al filtrar las voces para quitarles bajos, ya que la sensación de poder de las voces graves podrá volver en la mezcla y masterización final, una vez que se eliminen los ruidos de baja frecuencia que muchas veces no notamos al principio, como estática eléctrica y vibraciones del micrófono o de la mesa en la que estaba apoyado. Sobre todo, en esta parte de la mezcla debemos mantener la pureza de los sonidos. La correcta ecualización de cada canal por separado es probablemente la parte más importante de una mezcla de sonido.

Paneo:

Distribuye la señal de cada pista hacia la izquierda y hacia la derecha, para que el cerebro del oyente pueda asignarle un lugar en el espacio sonoro. Se recomienda dejar las voces siempre en el centro. Cuando hay más de dos personas en una conversación en un sitio real, suelen estar ligeramente a la izquierda o la derecha de nosotros. Replicar de manera muy sutil esa diferencia puede hacer que comprendamos mejor las palabras que oímos en diferentes voces, porque nuestro cerebro asumirá correctamente la diferencia entre voces de personas distintas y comprenderá a ambas si llegan a hablar en forma simultánea, como sucede en un espacio real en el que podemos oír la risa de una persona y aun así comprender las palabras de otra en el mismo instante, sólo porque sus voces provienen de un sitio diferente, aunque estén sentadas a la misma mesa.

La norma general suele ser: voces en el centro, músicas y efectos hacia la izquierda y hacia la derecha. Dicho esto, en porcentajes, entendamos "centro" como un paneo que nunca supere un 10% de inclinación hacia la izquierda o hacia la derecha. Conviene evitar también cualquier paneo superior al 50%, con única excepción de las músicas, que suelen estar previamente mezcladas de manera correcta en estéreo, por lo que se aconseja usar pistas en estéreo en nuestro multicanal para ubicar las músicas sin alteración del paneo que ya traen.

Dinámica:

Los compresores dinámicos controlan y reducen las diferencias demasiado grandes entre volumen bajo y volumen alto, que son habituales en una grabación. Nuestros oídos responden mejor a esas diferencias al oír los sonidos en vivo; pero al estar éstos grabados, si un fragmento de la grabación quedó muy alto, para compensarlo habría que bajarle el volumen a todo lo grabado y así dejaríamos de oír con claridad las partes bajas de la misma grabación.

Por eso, procesar las pistas de voz con una compresión dinámica es una buena idea, pues bajará el volumen en los instantes en que alguien, por ejemplo, haya gritado, y eso permitirá mantener una intensidad más alta en forma estable, sin cambios bruscos, para oír mejor todo el tiempo esa voz.

Los principales controles de un compresor dinámico son: **umbra**l (*threshold*), para definir desde qué volumen empieza a operar el proceso; **ataque** (*attack time*), para establecer qué tan rápido actúa el procesador cuando detecta sonidos fuertes; **proporción** (*ratio*), para establecer cuánto volumen bajará el proceso a las partes fuertes (para voces se recomienda usar 4:1 —cuatro a uno, significa que por cada 4 decibeles que superen el umbral, el compresor sólo dejará pasar 1—); **liberación** (*release time*), para definir qué tan lento deja comprimir el sonido una vez que han pasado los picos de volumen que lo activaron; **ganancia** (*gain*), para subir el volumen total de la pista, sabiendo que va a comprimir las partes de mayor intensidad.

Mucha de la sensación de potencia de bajos que habíamos eliminado en la ecualización volverá en este punto, ya que estaremos subiendo el volumen total de la pista y nivelando al poner un techo máximo de intensidad que reducirá la distancia entre los sonidos fuertes y los que antes eran tenues. Todo quedará más fuerte ahora, y es muy importante que hayamos filtrado bien los ruidos subsónicos o ultrabajos en la ecualización inicial.

Efectos:

A cada pista se le pueden asignar efectos especiales de procesamiento de sonido, entre los cuales el principal y más recomendado es el de reverberación —que recrea la reflexión del sonido producido en espacios reales— para dar más credibilidad y armonía especialmente a voces grabadas en estudio.

Se recomienda usar reverberación muy sutilmente. Su utilidad principal no apunta a propósitos estéticos de adornar una grabación, sino más bien a establecer los planos de distancia entre los sonidos y la persona que escucha. Mientras más reverberación tiene un sonido, el cerebro lo percibe como más lejano. Podríamos decir que equivale a la perspectiva y al punto de fuga usados en la pintura y la fotografía para hacer parecer que un objeto está distante.

Volumen:

Es el último de la lista, y sugiero que sea también el último parámetro en la mezcla final para obtener el mejor resultado posible. Todos los procesos anteriores modificarán la percepción de intensidad de cada una de las pistas de audio, por lo que establecer el volumen adecuado para cada una, sólo al final, permitirá tener un buen equilibrio entre todos los sonidos en la mezcla final.

Hay dos formas de controlar el volumen en cada pista individual: una de ellas consiste en asignar un valor en el botón general e independiente por cada pista; y la otra, en automatizar subidas y bajadas puntuales en momentos específicos. Lo más común es que ambos métodos sean necesarios para obtener un resultado óptimo. Pero hay que asegurarse de que el volumen general de toda la mezcla nunca llegue a los cero decibeles, y de preferencia, que siempre esté por debajo de -3 decibeles. Es importante tener en cuenta que en este punto no debemos buscar potencia ni volumen alto, sino equilibrar el conjunto de todas las pistas en niveles muy prudentes. La potencia sonora vendrá después en forma mucho más segura y eficiente. Todavía no acaba el proceso del audio.

La masterización

Que suene igual de bien en cualquier aparato.

Una vez que tenemos la mezcla definida, exportamos un archivo final en estéreo para procesarlo y obtener una copia maestra por publicar. En este proceso de finalización nos aseguraremos de que los niveles de volumen sean adecuados para que nuestro audio suene bien en cualquier reproductor, grande o pequeño, estéreo o monofónico, en ambientes cerrados o en la calle, con audífonos o con altavoces.

El objetivo es conseguir que suene tan bien como todos los demás que estén en las plataformas en las que publiquemos nuestra grabación. Nuestro audio no debe sonar más bajo ni más fuerte que otros.

Los usuarios avanzados podrán hacer la masterización dentro de la misma sesión de mezcla, procesando el canal maestro en estéreo que recibe a todos los demás. El proceso habitual consiste en nivelar el sonido total de la grabación ya como un todo unificado, lo que le permite ganar en potencia sonora y sensación de volumen. Eso se logra mediante la normalización del audio, que consiste en subir la intensidad hasta el máximo prudente.

Para evitar errores de ruido por saturación digital, producida cuando un sonido supera el valor más alto de volumen posible, sugeriremos normalizar el audio en un rango seguro con un tope de picos en -3 decibeles. Esto debe hacer que nuestra grabación suene fuerte con su rango dinámico intacto, es decir, con la diferencia natural entre los sonidos más bajos y los más altos.

Luego, podemos continuar con una ecualización general. La haremos mucho más sutilmente que durante la mezcla, apenas añadiendo modificaciones como pinceladas de color, para obtener más brillo o definición de sonidos agudos, principalmente. Puede ser conveniente enfocarse, por ejemplo, en las frecuencias cercanas a 1 kilohercio, en las cuales se logra que las voces sean más fáciles de comprender con sensación de "presencia".

El siguiente paso será usar de nuevo la compresión dinámica para ajustar mejor las diferencias entre sonidos tenues y fuertes, ahora que tenemos ya todas las pistas mezcladas. Esto subirá la percepción de intensidad del sonido y le dará unidad total, para que el cerebro no identifique voces separadas de músicas y efectos, sino una sola percepción del "programa". En este punto podemos sugerir procesos de compresión dinámica multifrecuencia, con niveles diferentes en frecuencias bajas, medias y altas. El poder sonoro podrá alcanzar niveles más altos sin crear saturaciones o distorsión por subir todo el volumen por igual.

Éste será el momento en que alcanzaremos los máximos niveles de percepción de alto volumen de nuestra grabación; por eso, deberemos ser cuidadosos en dos sentidos:

Primero, tendremos que asegurarnos de mantener un techo o máximo pico de volumen cercano a -3 decibeles y que jamás llegue a tocar el límite de cero decibeles (hablamos en mediciones digitales de software, en las que cero es el tope posible, y apenas una fracción más generaría un ruido digital que arruinaría nuestro trabajo).

Y segundo,, debemos tener muy presente la experiencia que le vamos a brindar al oyente final con nuestra grabación: procurarle comodidad y seguridad, ofreciéndole un volumen alto que no le exija esfuerzos de concentración porque su reproductor, aun en el tope de amplificación, no logre un nivel apropiado; pero **que ese volumen alto no sea constante por un largo tiempo**, ya que eso producirá una fuerte fatiga auditiva que hará que el oyente se sienta tentado a abandonar la escucha de nuestro pódcast.

En algunos programas se puede nivelar por LUFS o LKFS. En español significa 'Unidades de Sonoridad Relativas a Fondo de Escala'. Es una medición de la sonoridad tal como la percibimos los humanos, y nos permite tener una indicación más estable de qué tan fuerte oímos un sonido. **El rango recomendado para pódcast es de -16 LUFS**.

Toda escucha prolongada deberá ofrecer instantes de descanso a los oídos. Al igual que en una conversación en un lugar real, las personas necesitan hacer pausas para respirar, tomar aliento o beber un poco de agua si la charla o plática se hace prolongada.

Así como quien habla sin parar se fatiga, quien lo escucha también sufre el rigor del cansancio. Se recomienda que la compresión dinámica de una masterización final conserve la prudencia de no mantener el volumen máximo durante periodos largos. Mientras más largo sea un episodio pódcast, más pausas y remansos de sonido tenue debe haber para que el oído esté en buenas condiciones para continuar escuchando.

¿De qué hablar en un pódcast?

No existe un contenido sin forma, ni una forma sin contenido.

Nuestra primera preocupación suele ser sobre qué hablará el pódcast que vamos a crear. Nos ilusiona el contenido y le asignamos el valor de la esencia íntima del pódcast. Pero al empezar a crear un contenido necesitaremos siempre una forma. Por eso, al establecer de qué hablará un pódcast conviene definir también cómo sonará.

La forma y contenido irán juntos. Uno lleva siempre al otro. Pensemos en los **formatos** que nos permitan articular la forma y el contenido de nuestro pódcast. Por formatos nos referimos a la estructura, la organización interna del contenido y la apariencia sonora que tendrá el pódcast.

El formato es el conjunto de los elementos que permanecen invariables en cada uno de los episodios de un pódcast. Y para tener claridad sobre esto lo primero que podemos hacer es enumerar los elementos que harán parte de la forma de nuestro contenido. Por ejemplo: ¿Cuántas personas hablan en un pódcast?

En un formato de entrevista normalmente hay dos personas, una de ellas hace preguntas y la otra responde. Tendremos así una certeza del contenido a partir del formato según el número de voces y el rol que cumple cada una.

¿Qué pasa si hay más voces? ¿O si una está en el estudio y la otra fue previamente grabada en otro lugar? Esos detalles del formato determinarán también el contenido.

Tener una lista de los elementos nos ayudará:

- Un tema
- Voces simultáneas en estudio
- Voces grabadas
- Voces simultáneas por teléfono o a distancia
- Sonidos en directo
- Sonidos grabados
- Músicas (cuántas y cuáles)

Luego podemos darle un orden definido a cómo sonarán esos elementos. Por ejemplo:

1- Saludo
2- Presentación
3- Primera pregunta
4- Respuesta
5- Llamada telefónica
6- Segunda pregunta
7- Respuesta
8- Despedida
9- Créditos finales

A continuación veremos los formatos más comunes en pódcast. Los dividiremos en tres secciones: formatos asociados a temas, a narración de historias y formatos de periodismo.

Temas

La lista de posibles temas puede ser tan extensa como los intereses que tengas y compartas con otras personas. Pero, para darte una mínima ayuda, presentamos aquí una breve muestra.

· **Noticias**. Generales o temáticas, comentadas o sólo nombradas. Hay muchos pódcast que cubren, por ejemplo, una fuente de información específica tal como lo hace un periodista que esté trabajando para un medio masivo. Puedes dedicarte a compartir noticias de política, de tecnología, de deportes, de ciencias, de salud o de medicina.

· **Opinión**. Igual que en una columna o a manera de un blog hablado, puedes emitir tus opiniones y compartirlas o invitar a otras personas a exponer sus opiniones también.

· **Comedia**. Puedes dedicarte a hacer rutinas de humor, colecciones de chistes, imitaciones o bromas; pero también hablar seriamente sobre comedia haciendo crítica, reseñas o hasta tutoriales.

· **Tutorial**. Siempre habrá un tema o saber sobre el que tengas más conocimientos que otras personas. Los tutoriales serán bien recibidos por quienes necesitan emprender una tarea en la que tú puedes contribuir. Pueden ir desde cocina hasta bricolaje, pasando por el uso de software y aplicaciones.

· **Divulgación científica**. Éste es un propósito útil y con amplias posibilidades de encontrar públicos específicos y quizás apoyo institucional de centros educativos o entidades gubernamentales, para comentar, explicar e informar sobre ciencias.

· **Testimonial**. Puedes contar en un pódcast aquellas cosas de las que has sido testigo. Es uno de los géneros menos obvios y más valiosos: compartir las experiencias vividas como historias de viajes o de vivencias que nos generan curiosidad e interés fácilmente.

· **Recomendación**. Todos necesitamos consejos en algo en lo que no somos expertos y a la vez todos podemos ser expertos en asuntos particulares en los que estaremos autorizados para dar consejos. Puede ser asesoría en compras, marcas, colores, restaurantes, cortes de pelo, cuidado de mascotas, elección de destinos turísticos, y una cantidad interminable de guías útiles sobre cosas que quizás te parezcan obvias, pero que alguien está necesitando y disfrutará al escuchar.

· **Magacín**. Es una revista de variados temas, ideal para quien tiene muchos intereses o que no se anima a tomar una decisión puntual y excluyente. Los programas de variedades siempre son una alternativa que además sirve para comenzar un proyecto y detectar oportunidades para ir enfocando luego los temas de tu pódcast presente o futuro.

· **Entrevistas**. En ellas se formulan preguntas interesantes a uno o varios invitados que tengan buenas historias por contar.

· **Foros y mesas redondas**. En este tipo de reuniones, distintas personas conversan sobre un tema de interés común entre ellas con diferentes puntos de vista o con posiciones enfrentadas para debatir.

· **Guía de compras**. Probar aparatos, reseñarlos y recomendarlos. En este género puedes ganar dinero cuando recomiendas objetos que están a la venta en tiendas en línea, como Amazon, que ofrecen recompensas en dinero a quien comparta enlaces afiliados que terminen finalizando ventas. La credibilidad de quien hace las recomendaciones estimula las ventas, y así gana comisiones. Es una forma de convertirte en buen vendedor sin necesidad de llevar un negocio complejo por todo lo operativo de una tienda de comercio electrónico completa.

· *In reply to*. Una de las mejores formas de comenzar a hacer tu propio pódcast es ésta que se constituye quizás en el primer género particularmente "nativo" de los pódcast: respuesta a otro pódcast. Es una muy bonita idea que, cuando tengas algo por comentar, añadir o aportar a episodios de otras personas, hagas un episodio *in reply to...* mencionando al *podcaster* a quien responderás o complementarás. Es además una maravillosa forma de crear comunidad entre *podcasters* y de ganarte un espacio en la *podcastfera,* mientras promueves a la vez otros pódcast para que las audiencias descubran contenidos nuevos con cada nuevo comentario en respuesta a otro *podcaster*.

· **Metapódcast**. Una vez que se te haya pegado la pasión del pódcast, verás que hay mucha gente afuera con la misma afición y que hablar de pódcast resulta pertinente y agradable tanto para ti como para todos los que piensan y sienten, como tú, que a veces no estamos cerca físicamente, pero que ¡para eso están los pódcast!, para acercarnos y ponernos en contacto.

Historias

Más que hablar de un tema, lo que se hace ahora es contar una historia o un relato oral de hechos en secuencia de acciones. Aquí tendremos personajes que vivirán situaciones en un tiempo y un lugar que imaginaremos y podremos construir o rememorar a partir de las palabras del relato y la escenificación narrada, dramatizada o ilustrada con sonidos.

Se trata ahora de poner en escena un texto narrativo con una estructura interna en la que los personajes experimentarán acontecimientos que podrán ser ficticios, como en cuentos y relatos literarios, o verídicos de carácter histórico o quizás periodístico.

En inglés se ha llamado *storytelling* a este tipo de narraciones con componentes literarios que se enlazan estrechamente con géneros como el drama, la comedia, la tragedia y la tragicomedia. Si los entendemos del modo como se han usado en el cine, podremos emprender narraciones de audio con las características de relatos de acción, ciencia ficción, fantasía, épica, romance, o melodrama; historias de terror, de zombis o de extraterrestres; historias policíacas o de novela negra y hasta relatos de catástrofes o de historia bélica.

Periodismo

Si bien ya habíamos mencionado las noticias, las entrevistas y la opinión como posibles modelos de contenido para un pódcast, los acontecimientos reales pueden encontrarse con la narrativa y las historias en diversos géneros periodísticos. De hecho, gran parte de los más exitosos y premiados pódcast hasta hoy se especializan en relatos en forma de:

· **Crónica**. Es un relato en orden secuencial de continuidad cronológica (continua o discontinua) de hechos verídicos. Cobra especial valor cuando además hay minuciosas descripciones de uno o varios personajes y lugares, con espacio para elementos literarios que enriquezcan la expresividad y la posibilidad de generar emociones y empatía.

Las crónicas pueden ser de deportes, viajes y lugares, centradas en personajes y en noticias que pudieron pasarse por alto en cubrimientos puramente informativos. Puede incluir entrevistas y sonidos ilustrativos reales.

· **Reportaje**. Puntualmente hablamos aquí del reportaje interpretativo, extenso y detallado en descripciones, con gran cantidad de información para exponer una investigación profunda y original, realizada idealmente por la misma persona que esté dando voz al relato.

Puede incluir entrevistas a fuentes contrastadas, evidenciar coincidencias o contradicciones y presentar pruebas sonoras de los hechos expuestos o revelados.

· **Perfil**. Mucho más que una entrevista, es la descripción y relato biográfico en profundidad de un personaje con mayores posibilidades narrativas para demostrar o evidenciar rasgos de carácter. Un perfil describe a alguien de la manera más completa posible.

Tendencias e Inteligencia Artificial

En el universo digital, las tendencias son temas, palabras clave o contenidos que ganan popularidad o se vuelven virales en un periodo determinado. Estas tendencias son reflejo de lo que está resonando en la comunidad global o en grupos específicos, y son impulsadas por diversos factores como eventos actuales, celebridades, o campañas de marketing.

En el ámbito de los pódcast, las tendencias podrían incluir géneros populares, temas de actualidad, formatos emergentes o incluso personalidades que están captando la atención. Las plataformas de pódcast, al igual que otras plataformas digitales, tienen algoritmos que rastrean y muestran estas tendencias basadas en métricas como la frecuencia de búsqueda, la cantidad de nuevas subscripciones, comentarios, y compartidos.

La incorporación de la IA en la producción de pódcast desbloquea un espectro de posibilidades para los creadores, permitiéndoles sintonizar su contenido con las preferencias de la audiencia. A través del análisis de tendencias, herramientas como Google Trends revelan temas en alza.

La clave para maximizar el potencial de estas herramientas radica en diversificar las fuentes de datos, atender a los intereses de la audiencia y usar los descubrimientos recopilados como catalizadores de creatividad. Al hacerlo, los creadores de pódcast pueden buscar relevancia social al elegir de qué hablar en cada episodio.

Guion

Seguir el mapa de ruta.

Un guion es un documento escrito que define el contenido que tendrá tu pódcast. Puede ser útil también visualuzarlo como un manual o un libreto, que es la palabra que se usa también en teatro.

En un libreto suele estar escrito todo lo que aparecerá en la producción final, y seguirlo en detalle o salirse de él durante la grabación será opcional según las decisiones del director o realizador, que podría ser una persona diferente al guionista que escribió el texto.

A continuación, exploraremos diferentes tipos de guiones o libretos que pueden emplearse en la creación de un pódcast. Estas variaciones permiten distintos niveles de preparación y estructura, adaptándose a diversos estilos de narrativa y producción.

Para leer e interpretar

El libreto es una creación completa desde antes de grabarse. Para dramas o comedias marcará todos los detalles al ser leído e interpretado en frente de los micrófonos, y, replicando el formato del libreto radial, debería incluir todas las indicaciones técnicas por tener en cuenta en el momento de la captura del sonido y en las etapas de edición y mezcla.

Una de las ventajas del *podcasting* para personas que comienzan un proyecto es que no están obligadas a memorizar el texto, como pasaría en producciones teatrales; es fácil y recomendable comenzar por leer en voz alta lo escrito con anterioridad y grabarlo, incluso en repetidas ocasiones, o con pausas y retomando cada vez que sea necesario.

Se trata de lectura, por lo que toda la buena ejecución de lo que esté en papel o en pantalla dependerá de los actores o locutores. Además de usarse en proyectos de carácter teatral, el libreto es muy útil en grabación de reportajes, crónicas, narraciones educativas, tutoriales, cursos, comerciales y, por supuesto, audiolibros.

Tener el texto escrito permite crear publicaciones web que lo incluyan y que sean accesibles para personas que no puedan oír o que prefieran consumir el contenido leyéndolo, y mejorar las posibilidades de que alguien encuentre un pódcast, pues cada palabra escrita optimizará el posicionamiento SEO (*Search Engine Optimization*) en motores de búsqueda.

Los formatos que incluyan entrevistas, teniendo en cuenta que sólo el personaje entrevistado puede responder las preguntas, tendrán un buen recurso en la transcripción posterior de la entrevista en un libreto que permita definir la edición final, estableciendo puntos de corte y tanto los fragmentos que se incluirán como los que se dejarán fuera del audio final.

En las viejas épocas de la radio, los libretos se escribían a máquina sobre papel periódico, con el propósito de que las hojas sonaran menos cada vez que los actores de un radioteatro pasaran las páginas durante la emisión en directo. Al aparecer las fotocopiadoras e impresoras, se dejó de usar papel especial; pero siempre es conveniente numerar las páginas y no engrapar el libreto, para que se puedan pasar las páginas sin hacer ruidos.

También se usaba —en ausencia de negrilla, letra cursiva, subrayados o colores— escribir en mayúsculas las indicaciones técnicas para el ingeniero de grabación y para los actores de cada personaje. Actualmente, un libreto multicolor puede ahorrar mucho tiempo al facilitar visualmente el trabajo de búsqueda y estudio de cada parlamento o indicación detallada. Incluso hay formas de llevarlo a nuevas dimensiones al compartirlo en plataformas de trabajo colaborativo, como Google Docs, que permitirán a múltiples personas conectadas en simultánea ver lo que los demás preparan en tiempo real.

Para este tipo de libretos, hay que tener presente que escribir textos para ser leídos con la vista es diferente, en estructura narrativa y en sintaxis, a escribir textos para ser leídos en voz alta. La vista puede ser más rápida, y tiene opción de cubrir periféricamente medio renglón o, con entrenamiento suficiente, aún más palabras en forma simultánea, lo que permite que nuestra mirada vaya adelante o detrás revisando, comparando y constatando, para comprender párrafos más largos y complejos. Para un texto leído en voz alta, conviene mucho que los párrafos sean lo más cortos posible y que se eviten los complementos indirectos. Es preferible separar el discurso en más oraciones cortas.

Modelo de libreto completo:

LOCUTOR 1: *Buenos días, buenas tardes, buenas noches.*

LOCUTOR 2: *¡Te damos la bienvenida al primer episodio de nuestro nuevo pódcast!*

CONTROL: MÚSICA DE INTRO. 10 SEGUNDOS

LOCUTOR 1: *Te vamos a sorprender con el tema que vamos a tratar.*

LOCUTOR 2: *Y nosotros también nos vamos a sorprender, porque no lo preparamos y lo tendremos que leer aquí mismo, durante esta grabación.*

EDICIÓN: SUENA PREGRABADO EN ESTACIÓN DE BOMBEROS CON SONIDO DE SIRENAS

CONTROL: ENTRA MÚSICA DE SUSPENSO POR 5 SEGUNDOS. BAJA EL VOLUMEN Y QUEDA DE FONDO.

Parcialmente improvisado

La interpretación de un guion completamente leído aniquilaría una de las formas de comunicación verbal más cercanas a la naturaleza humana: la conversación espontánea y natural. Por lo que otra forma de guion más popular es aquella que no define las palabras, sino los temas por tratar y el tiempo previsto para cada uno.

A este tipo de guion también se le llama "escaleta", y funciona como guía de ruta y resumen detallado de todo lo que no debería faltar en la conversación, pero dejando que sean los locutores quienes decidan las palabras, para mantener de este modo la espontaneidad y el tono de charla mientras cumplen con el plan establecido por el escritor del guion.

Una conversación grabada así puede aprovechar las ventajas no sólo de la improvisación y la riqueza del momento, sino de la planeación para alcanzar objetivos precisos de duración o de una posible estructura narrativa que haya definido el contenido y el objetivo de la comunicación o meta que se pretende alcanzar.

Los dos tipos de guion mencionados hasta el momento requieren una etapa de preproducción que implica comenzar el trabajo de elaboración de un pódcast mucho antes de encender los micrófonos y empezar a grabar. No sólo el libretista tiene que realizar ese proceso: cada persona debe leer con antelación todo el guion, lo que le permite como mínimo hacer una investigación previa sobre la temática de la que hablará. Sólo el entrevistado puede llegar sin haber leído previamente el guion, aunque en muchas ocasiones él también puede tener su propio guion o preparación del tema del que hablará. En algunos ámbitos es común que ciertos personajes públicos pidan la lista de preguntas con anterioridad como requisito para acceder a una entrevista.

Si se ha escrito en una hoja de papel o un documento de texto, se pueden tachar las partes de esta hoja de ruta a medida que se avanza en la grabación. Pero también se puede escribir en un formato de diapositivas como las de Power Point o Keynote, para avanzar viendo sólo una indicación en la pantalla y poder usar toda la concentración en desarrollar el punto actual, confiando en que la escaleta irá marcando la ruta sin que los participantes del pódcast se salgan demasiado del tema.

Modelo de "escaleta":

1. Presentación del tema del episodio - (1 minuto)
2. Cortinilla musical de intro. - (15 segundos)
3. Saludamos - (1 minuto)
4. Esteban cuenta su problema - (1 minuto)
5. Isabel propone la solución - (1 minuto)
6. Esteban pregunta detalles - (30 segundos)
7. Isabel le da el ejemplo del caso de su tía - (4 minutos)
8. Esteban cuenta cómo imagina esa solución si él fuera la tía. (3 minutos)
9. Isabel da el ejemplo del caso del cantante famoso - (6 minutos)
10. Esteban intenta cantar la canción famosa - (10 segundos)

Totalmente improvisado

La idea suena a espontaneidad pura y a honestidad total; pero no es muy cierto que se pueda hacer una grabación completamente improvisada y tener buenas probabilidades de conseguir un contenido valioso al final. Como mínimo, deberán establecerse un tema por tratar y un objetivo final por cumplir. ¿Para qué haces la grabación y de qué vas a hablar en ella?

Además, conviene tomarse muy seriamente la improvisación y estudiar técnicas de oratoria o de teatro para lograr un producto espontáneo y vivo pero no caótico. Será imprescindible establecer una temática, conocerla previamente; evitar distracciones y dispersión; y haber elegido con anterioridad el tono que se usará, la intención y el modo en que se hablará. ¿Trataré a los demás de tú o de usted? ¿En confianza o con distancia respetuosa? ¿Pretendo convencer a alguien de algo o rebatir una idea? ¿Seré gracioso o trascendental y serio?

Y si se improvisa en equipo, habrá que repartir personajes antes de comenzar. ¿Quién comenzará a hablar? ¿Quién dirá la última palabra de despedida? Y en los casos de grabación con equipos simultáneos en diferentes lugares de la ciudad o del mundo, ¿cómo sabrá una persona que sus compañeros quieren tomar la palabra? En esas situaciones es recomendable usar un chat escrito para reemplazar lo que serían señales visuales o comunicación no verbal entre los integrantes del equipo cuando están todos presencialmente en el mismo recinto.

Modelo de "improvisación":

1. Participantes: Isabel y Esteban

2. Isabel saluda primero; Esteban hará la despedida al final invitando para el próximo episodio.

3. Tema: El azúcar de caña, ventajas y peligros para la salud

4. Objetivo: Demostrar que no hace falta reemplazarlo por otros endulzantes, pero sí reducir su consumo en el caso de las personas mayores.

Por actos y escenas

Desde los guiones de teatro el guion es el texto de todo el contenido de una obra e incluye todas las indicaciones para la representación en escena. El cine ha adoptado este mismo tipo de guion y lo ha hecho más preciso al incluir detalles adicionales con indicaciones técnicas tanto para la representación como para la posterior edición.

Un guion por actos comienza por dividir el relato en partes que harán notoria la estructura dramática para contar la historia en un orden específico, asignando tres partes esenciales: una introducción, un nudo y un desenlace. En cada una de estas partes hay personajes ejecutando acciones, que los conducen de un punto a otro en la narración y por eso el orden en el que contamos los hechos y acciones crean la expectativa de saber qué ocurrirá a continuación.

Primer acto: el principio, la parte en la que se plantea la historia que será narrada. Normalmente se trata de describir a uno o varios personajes que están en un lugar y un momento determinado. Quien escuche la historia en esta parte aprenderá a diferenciar los personajes, a reconocerlos y a seguirlos cuando algo les ocurra, que es lo que pasará cuando lleguen al siguiente acto.

Segundo acto: el nudo. En esta parte de la narración ocurre algo que cambia a los personajes y los enfrenta a un reto o a un conflicto por resolver. La historia sería aburrida si esta parte no llegara o se tardara mucho en llegar. Aquí es donde ocurren las aventuras que pueden llevar directa o indirectamente a la resolución de la historia.

Tercer acto: el desenlace. Al solucionar el reto o conflicto los personajes llegan a una solución que de al oyente la sensación de satisfacción de la resolución —si se trata de un final cerrado— o de una nueva expectativa de más aventuras si se trata de un final abierto que conduzca a continuar la historia en otro episodio.

Cada acto se divide en escenas, que son las partes en las que aparecen los mismos personajes en un lugar y momento específico sosteniendo diálogos o realizando acciones. En la división de la historia en escenas estará definido el ritmo de la narración de un guion y al escribirse deberán contener tanto el texto de todo lo que digan los personajes, como todas las descripciones necesarias para entender sus acciones o lo que les ocurre.

Así como los actos normalmente se numeran, las escenas también tienen un orden específico que permite recursos narrativos para revelar la historia poco a poco. Pero también su numeración permite planear las grabaciones de manera en que se junten las escenas en un orden diferente por razones prácticas, teniendo en cuenta que al final se podrán editar para volver a poner en el orden previsto. Esto permite, por ejemplo, aprovechar mejor el tiempo durante grabación.

Modelo de guion por actos y escenas:

ACTO 1
ESCENA 1 — Casa de Isabel, lluvia fuerte
PERSONAJES: Isabel y Esteban

Isabel está reparando su bicicleta, alguien toca a la puerta, es Esteban que viene empapado y tiritando de frío con un libro en la cabeza.

ISABEL
(Desde lejos)
¿Quién es?

ESTEBAN
(Golpea la puerta con insistencia)
¡Soy yo, Esteban!

Este modelo puede variar según las necesidades. Puede añadirse en la descripción inicial cuál será la música que marque el inicio de la escena, o indicarse la velocidad en la que hablarán los personajes, el tono que se espera que usen al hablar o la intención del guionista sobre lo que espera generar con la escena.

El siguiente ejemplo de pódcast por actos y escenas está pensado en un pódcast narrativo, en el que tendremos la voz de un anfitrión que conduce todos los episodios, un periodista que conduce la narración de la historia de un episodio particular, y dos testimonios de voces invitadas.

En este modelo es ideal que creemos una página de libreto por cada minuto de audio. De esta forma, un episodio narrativo de 20 minutos tendría un libreto de 20 páginas, más una página adicional de portada y una página extra al final para los textos que irán en la descripción escrita del episodio, que puede contener bibliografía o enlaces a sitios de internet.

Página de portada:

Libreto "TÍTULO DEL PÓDCAST"
Episodio: "1"
Lista de personajes:
- NARRADOR RESIDENTE: _____
- NARRADOR INVITADO: _____
- TESTIGO 1: _____
- TESTIGO 2: _____

Libreto escrito por _____
Realizador _____
Musicalizador _____
Música original _____
Editor _____
Verificación *(Fact check)* _____

Página 1:

PRIMER ACTO: PLANTEAMIENTO
Escena 1 - Avance
LUGAR: Estudio
PROPÓSITO: Dejar en claro al público el tema de este episodio
TONO: Alegre, divertido
MÚSICA: Tema original
SONIDOS: Aplausos
VOZ 1: "¡Hemos vuelto para una nueva temporada!"
VOZ 2: (Link del audio, desde "Ya era hora" 00:00... hasta "¡Empezamos!"... 01:00)

Página 2:

PRIMER ACTO: PLANTEAMIENTO
Escena 2 - Intro Formal
LUGAR: <u>Estudio</u>
PROPÓSITO: <u>Presentación con una broma</u>
TONO: <u>Alegre con risas</u>
MÚSICA: <u>No</u>
SONIDOS: <u>Risas</u>
VOZ 1: _____
VOZ 2: _____

Página 3:

PRIMER ACTO: PLANTEAMIENTO
Escena 3 - El reto
LUGAR: <u>Pregrabado en el estadio de fútbol</u>
PROPÓSITO: introducción a la problemática
TONO: _____
MÚSICA: _____
SONIDOS: _____
VOZ 1: _____
VOZ 2: _____

Página 4:

SEGUNDO ACTO: NUDO
Escena 4 - El Giro
LUGAR: _____
PROPÓSITO: _____
TONO: _____
MÚSICA: _____
SONIDOS: _____
VOZ 1: _____
VOZ 2: _____

Página 5:

SEGUNDO ACTO: NUDO
Escena 5 - Profundidad / Clímax
LUGAR: _____
PROPÓSITO: _____
TONO: _____
MÚSICA: _____
SONIDOS: _____
VOZ 1: _____
VOZ 2: _____

Página 6:

TERCER ACTO: DESENLACE
Escena 6 - Resolución
LUGAR: _____
PROPÓSITO: _____
TONO: _____
MÚSICA: _____
SONIDOS: _____
VOZ 1: _____
VOZ 2: _____

Página 7:

TERCER ACTO: DESENLACE
Escena 7 - Conclusión final y créditos
LUGAR: _____
PROPÓSITO: _____
TONO: _____
MÚSICA: _____
SONIDOS: _____
VOZ 1: _____

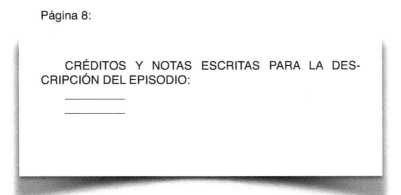

CRÉDITOS Y NOTAS ESCRITAS PARA LA DES-
CRIPCIÓN DEL EPISODIO:

_____

_____

Libreto de formato extenso: La "Biblia"

Al planear un pódcast por temporadas, es común hacer un plan de ejecución detallado para toda la temporada. Este plan incluye definir cuántos episodios se producirán, en cuánto tiempo, y qué temas o líneas argumentales se explorarán durante la serie. Este documento extenso y detallado es comúnmente conocido como la "Biblia" de la serie.

La "Biblia" sirve como la principal referencia para la producción. Incluye descripciones de personajes, ambientación, arcos de la historia, y una sinopsis de cada episodio. En el caso de un pódcast, podría incluir temáticas, estructuras de episodios, estilo de narrativa, entre otros.

Puedes optar por crear episodios seriales, que deben ser escuchados en el estricto orden de su publicación, o episodios unitarios que son independientes temáticamente, permitiendo a los oyentes disfrutarlos en cualquier orden.

En ambos escenarios, un presupuesto económico es crucial para evaluar en cada etapa del desarrollo de la temporada si la ejecución ha sido acertada, y para evitar quedarse sin fondos antes del final de la temporada.

También será útil tener un mapa de temáticas o un desarrollo de argumento delineado, de manera que en cada episodio se resuelva una parte de la narrativa, mientras que otras incógnitas se mantengan para incentivar a la audiencia a seguir la temporada completa.

Conocer la ubicación exacta de cada episodio en la línea de tiempo prevista ayuda a hacer recuentos de episodios anteriores, referencias a los ya publicados, o a anticipar contenido de futuros episodios, ya sea anunciándolo directamente o preparando el terreno para futuras sorpresas o giros en la trama general.

La "Biblia" de la serie es esencial para mantener la coherencia y el enfoque a lo largo de una temporada o de la serie completa, asegurando que todos los involucrados en la producción estén alineados con la visión general.

Este documento detallado incluye descripciones de personajes (si los hay), guías de estilo, y cualquier otro elemento crucial para la producción del pódcast, sirviendo como una referencia central para todo el equipo durante el desarrollo del proyecto.

En formatos de narración extensa de múltiples episodios, se puede trazar un plan general de la producción de toda la temporada y distribuir la grabación y la producción de manera discontinua. Por ejemplo, puedes grabar en un mismo día todos los episodios en los que un personaje específico haga aparición, aunque esos episodios —o escenas— no estén consecutivos en la publicación final. De la misma manera, se pueden programar viajes para realizar visitas para entrevistas.

La "Biblia" de la serie es una guía maestra que facilita la coordinación y la coherencia a lo largo de toda la temporada, garantizando que cada episodio contribuye a la narrativa más amplia de manera efectiva.

Modelo de un plan de temporada:

Pódcast *El temporal*
Número de episodios: 12
Duración prevista: 30 minutos
Total de horas producidas: 6
Personajes: 3 (Isabel, Esteban y Jorge)
Listado de episodios:
1. Cómo se conocieron Isabel y Esteban
2. Esteban conoce a Jorge
3. Jorge descubre que Esteban conoce a Isabel y le oculta que ya la conoce.
4. Isabel se entera de que Esteban y Jorge se conocen
5. Jorge le cuenta a Esteban sobre el pasado de Isabel, pero Esteban no le cree.
6. Isabel le confirma a Esteban que Jorge es su medio hermano
7. Esteban intenta hacer que los hermanos se reconcilien
8. Jorge deja de hablar con Esteban
9. Isabel perdona a Jorge, pero está enojada con Esteban.
10. Esteban se marcha de casa y Jorge lo recibe en su cabaña
11. Isabel y Jorge planean una sorpresa para Esteban
12. Esteban e Isabel serán padres, pero están separados

CRONOGRAMA DE TRABAJO:
Septiembre:
· Libretos de diálogos
· Audiciones para personajes
Octubre:
· Grabación en la cabaña, captura de sonidos de montaña
· Composición de la música
Noviembre:
· Grabación de la música
· Grabación de personajes en estudio
Diciembre:
· Edición de los capítulos 1, 2 y 3
· Mezcla de los capítulos 1, 2 y 3
Febrero:
· Publicación de los capítulos 1 y 2
· Evaluación de respuesta de la audiencia del capítulo 1
Marzo:
· Correcciones en edición a los capítulos 2 y 3 según evaluación
· Edición de los capítulos 4, 5 y 6

Herramientas para escribir

Escribir un guion puede ser un proceso muy personal y cada guionista tiene su propia forma de abordarlo. La manera en que elijas escribir tu guion dependerá de lo que funcione mejor para ti y para tu proceso creativo.

Veamos algunas de las herramientas y técnicas que podrían ayudarte a organizar tus ideas y a dar forma a tu guion:

- **Escritura a mano:** Para algunos, no hay nada como el acto físico de escribir. La escritura a mano en una libreta o cuaderno puede ser ideal para esbozar ideas rápidamente, hacer dibujos o diagramas, o simplemente para alejarse de las distracciones digitales.

- **Procesadores de texto** (Microsoft Word, Google Docs): Estos son herramientas básicas pero efectivas para escribir guiones. Permiten una fácil edición y formato, y el hecho de que puedan compartirse en línea hace que sea sencillo obtener retroalimentación de otros.

- **Software de guionización (**Final Draft**,** Celtx**,** WriterDuet**):** Son programas diseñados específicamente para la escritura de guiones, ofreciendo plantillas de formato correcto y herramientas que ayudan a organizar y estructurar tu historia.

- **Aplicaciones de notas (**Evernote**,** OneNote**,** Craft**,** Notion**):** Son excelentes para la organización de ideas y la recolección de investigaciones. También son buenas para la colaboración en tiempo real con un equipo, para reorganizar esquemas y para obtener asistencia de Inteligencia Artificial en el proceso de escritura

- **Aplicaciones de escritura sin distracciones** (Scrivener, Ulysses): Proporcionan un ambiente tranquilo y centrado para escribir, ideal para mantener la concentración y a evitar las distracciones.

- **Software de organización y desarrollo de tramas** (yWriter, Save the Cat!): Herramientas específicas que pueden ayudarte a seguir el progreso de tu trama y a desarrollar personajes y estructuras narrativas.

- **Software de mapa mental** (XMind, MindMeister): Perfecto para visualizar ideas y conexiones entre los elementos de tu guion.

Cada una de estas herramientas tiene sus propios beneficios y puede que encuentres que una combinación de ellas se adapte mejor a tu proceso de escritura y a las necesidades de tu proyecto.

El título

Díctame el nombre de tu pódcast.

Será un gesto amable en el trato con tu audiencia elegir nombres simples de recordar y de escribir. Evita, por ejemplo, seudónimos en otros idiomas o de ortografía exótica.

Puedo contarte mi experiencia personal cuando elegí por seudónimo "Félix Sant-Jordi" por el bellísimo significado de la fecha de celebración de Sant-Jordi en Cataluña. Escogí ese nombre a finales de la década de los años 90, cuando sólo trabajaba en radio; pero me llevé una sorpresa cuando las redes sociales se hicieron populares y descubrí que muchas personas podían pronunciar el Sant-Jordi porque lo habían oído en radio, pero no sabían escribirlo: casi todas escribían la primera parte como si fuera inglés "Saint", y la segunda con feas versiones como "Georgie", "Yordi", "Yordy", "Jordy" y otras más raras y equivocadas. Por eso, cambié mis redes a "LocutorCo", con la esperanza de que pararan las confusiones.

Reitero mi consejo: busca nombres que no representen escritura distante del sonido que vas a pronunciar; evita combinar letras y números como en "T3kn1kast", o utilizar sonidos extranjeros de múltiples pronunciaciones. Que tu nombre y el de tu pódcast no parezcan contraseñas.

La duración

Cuando te propongas hacer un pódcast, seguramente vas a querer plantearte una idea que te permita crecer y tener una serie finita o infinita de episodios. Ahí tienes la primera decisión: ¿finita o infinita? Por supuesto, ninguna serie puede ser verdaderamente infinita: todos los proyectos tienen un final, pero eso no significa que tengas que planearlo necesariamente desde el comienzo; así que puedes establecer un propósito con final determinado o no.

Puedes decidir que tu pódcast tenga, por ejemplo, cinco temporadas anuales para que su duración sea similar a la de una carrera universitaria; o que llegue a doce episodios en total; o proyectarlo como algo que harás cada vez que estés en un lugar geográfico determinado o que asistas a un festival o un evento al que esté vinculado tu proyecto de pódcast. ¿Qué tal un episodio por cada juego de tu equipo favorito?

Y claro, habrás pensado también en cuánto tiempo deberán durar tus episodios. Tienes libertad total para establecerlo según te parezca lo más indicado. Muchas personas se formulan esa pregunta en forma recurrente, por lo que me atrevo a aconsejar que miremos las dos dimensiones temporales como algo estrechamente vinculado.

Mientras más frecuentes sean tus episodios, menos tiempo deberá durar cada uno. Igual en sentido inverso: mientras más distanciada en el tiempo esté la publicación de cada episodio, más largos deberán ser, pues tendrán más cosas que contar. Así darás tiempo prudente a tus oyentes y suscriptores para que te oigan con comodidad, para que puedan oír a otros *podcasters* quizás por variedad o para "ponerse al día" con una lista de varios episodios cortos de un mismo pódcast.

Por ejemplo, para un pódcast diario convendría no hacerlo de tres horas, porque probablemente correría el riesgo de dejar abrumados a los escuchas con solo una descarga. De esa misma manera, no sería lo más apropiado hacer episodios de apenas cinco minutos que se publicaran una vez cada semestre, pues resultaría muy difícil crear así no sólo un hábito de escucha entre los oyentes, sino una rutina de publicación de tu parte.

Títulos, portadas y descripciones

Todo es factible: que la audiencia no tenga tiempo para oír nada más largo que los cuatro minutos de una canción o que espere contenidos de una hora y cuarenta minutos como un largometraje.

Puede haber casos en los que episodios muy largos sean útiles en publicaciones muy frecuentes. Al final, tampoco es obligatorio que todas las personas oigan el contenido completo; para muchos es suficiente con los fragmentos o episodios puntuales que elijan a partir de los títulos, imágenes de portadas y textos de descripción de cada episodio.

Ayúdale a tu audiencia a tomar la decisión de oír tus episodios dándole motivos para hacer clic en el reproductor de tu audio. Que el título escrito de cada publicación sea motivador y delimite bien el tema que se desarrolla en el pódcast; que haya una fotografía o diseño de portada agradable, de ser posible, una portada general para todo el canal de tu pódcast y además una individual para cada episodio, que invite a escuchar ese contenido preciso.

Añade también una descripción escrita, tal como en las plataformas de películas de cine hay una descripción del argumento (sin adelantar las sorpresas). Y escribe también el nombre de las personas que participan en el episodio. Más aún, en el audio también conviene saludar brevemente y presentar a todos los participantes en la conversación.

Por supuesto, ya se adivina que una de las informaciones más importantes por entregar en forma escrita y con anticipación es la duración del pódcast. Por suerte, los reproductores dicen la duración del archivo; pero puede darse el caso, especialmente para quienes usan WordPress para publicar, de que la barra del reproductor no contenga los datos de duración de un episodio.

Hay que asegurarse de que la descripción general de la serie pódcast —el primer texto que vea cualquier persona que encuentre el contenido por primera vez— sea concreta, fácil de leer y suficiente. En este punto, tienen un especial peso de responsabilidad el título general del pódcast, el subtítulo que lo explicará, la imagen principal de portada y un breve párrafo como promesa de lo que encontrará quien decida suscribirse para recibir los futuros episodios.

Igual debe ocurrir con cada uno de los episodios: un título, una portada, un número de episodio si se trata de una serie limitada o dividida por temporadas, y una descripción que incluya el nombre de los protagonistas del pódcast si es que varían. En el caso de las entrevistas, es de vital importancia saber de antemano en qué episodio está la entrevista que se quiere escuchar.

Deslizarse por el tiempo

En los primeros tiempos del *podcasting*, cuando en muchas publicaciones de pódcast sólo había un hipervínculo azul subrayado como botón de descarga del audio, era sumamente importante escribir cuántos minutos de audio se descargarían al hacer clic y cuál era el peso del archivo de datos.

Actualmente, casi siempre los reproductores web dentro de un sitio de internet incluyen una línea que grafica el tiempo que transcurrirá en la escucha, con los números de minutos restantes y los transcurridos, y un control para que cada persona pueda adelantar o atrasar la reproducción del audio o video y hasta deslizar el dedo como en una búsqueda rápida del fragmento que le interesa. Funciona también así con las aplicaciones móviles.

En pódcast siempre hay una honestidad total con el oyente sobre la duración de cada contenido. No deberíamos preocuparnos tanto como en la radio por ser obligatoriamente breves, ya que la incertidumbre que tienen los oyentes de radio (y en ocasiones también los presentadores) sobre cuánto tiempo durará uno de sus contenidos juega en contra del disfrute de ese contenido. La impaciencia en radio hace cambiar de emisora a las personas porque no pueden adelantar el reproductor, como sí pasa en los pódcast.

Velocidad variable

También es importante la velocidad de reproducción, pues mientras que la radio está obligada a ser breve porque sólo se emite en tiempo real, con horas de sesenta minutos, un pódcast puede consumirse a velocidades aceleradas, según el gusto de cada usuario, de forma que un capítulo que en radio dure una hora, para un oyente de pódcast podrá oírse completo en 40 minutos o en menos tiempo si adelanta fragmentos, o en dos días si decide pausarlo para continuar la escucha en otro momento. Algo que para la radio jamás será posible.

Tablas de contenido

No olvidemos los textos de descripción y las promesas que cualquier oyente potencial leerá para tomar la decisión de oír o no. Sabiendo que es posible y muy probable que en episodios largos las personas salten fragmentos, es una muy buena práctica añadir capítulos y marcarlos con datos suficientes para que podamos oír un pódcast igual que leemos un libro de texto en el que podemos comenzar por el principio o ir sólo al capítulo exacto que nos interesa.

Eso puede hacerse desde la creación del episodio y con herramientas como las que ofrece Spreaker, que incluso permite cambiar la foto de fondo en su reproductor y añadir títulos e hipervínculos a cada capítulo. Pero también se puede hacer con extrema sencillez al escribir una tabla de contenido del episodio en la descripción, en la que los números del tiempo medido en minutos y segundos se activarán automáticamente en casi todos los reproductores como un hipervínculo para saltar entre capítulos. Basta con escribir, por ejemplo: "18:30 - Explicación de cómo añadir capítulos", para que en casi todos los reproductores que los oyentes pueden usar se active el número como enlace que lleva de inmediato al minuto 18 con 30 segundos del programa.

TodoSobrePodcast.com

Esas tablas de contenido funcionan también en You-Tube, que además presenta un recuadro con la previsualización de la imagen en cada momento del video. Y en SoundCloud, cuando se usa el reproductor web, se pueden también publicar comentarios en un momento preciso del audio, para "dialogar" con la grabación o para establecer puntos de búsqueda posterior cuando queramos regresar o compartir ese contenido.

La regla de los 25 minutos

Todo dependerá de los usos que tus oyentes hagan: hay muchas probabilidades de que crees vínculos con grupos de individuos de usos puntuales y específicos; por ejemplo, personas que por su tipo de trabajo necesitan compañía sonora constante y que quizás pueden y desean consumir pódcast durante muchas horas al día. O en el caso contrario, personas muy ocupadas, que tienen pocas ocasiones para escuchar y que necesitan contenidos muy cortos para oír en lapsos específicos. Pero ¿cuánto tiempo le dedica cada oyente a escuchar pódcast?

Ha sido popular entre los creadores de pódcast las costumbre de aplicar conocimientos aprendidos en la radiodifusión, en la cual se sabe, por encuestas, que los contenidos sonoros se privilegian en los momentos de movilidad, cuando las personas conducen un automóvil, una bicicleta, una moto, o toman cualquier servicio de transporte público. En ese caso, la más sabia de las recomendaciones es que acompañes a tus oyentes durante sus trayectos de la casa al trabajo, o al estudio, y luego de regreso al final de la jornada. ¡25 minutos en promedio! se ha dicho con mucha frecuencia. Pero ¿es ése el tiempo de tu audiencia en particular? ¿Cómo saberlo a partir de encuestas en las que se mide la audiencia de programas de radio al aire o en directo en línea, pero no la de los pódcast?

Esa idea se ha reforzado con innumerables artículos y blogs que hablan de que los humanos sólo podemos prestar atención efectivamente durante 25 minutos y necesitamos otros 5 minutos de descanso para volver a concentrarnos. Posiblemente son generalizaciones basadas en el libro *La Técnica Pomodoro* sobre manejo del tiempo, publicado en 2006 por Francesco Cirillo, en el que se explica un método para ser más eficiente al cumplir tareas contabilizando con un reloj periodos de 25 minutos de concentración.

Muchos de quienes trabajan en radio, o que vienen de ella, te dirán que lo más conveniente es crear episodios pódcast muy cortos, y mientras más cortos, mejor. Ésa es la lógica que por décadas se ha considerado correcta en las empresas que transmiten al aire durante 24 horas para todo su público al mismo tiempo, por lo que necesitan reducir las posibilidades de aburrir a aquellas personas que no disfruten de la temática de algún programa. Están pensando en contenidos genéricos y ligeros que corran poco riesgo de disgustar a todos aquellos que encuentren insatisfactorio lo que oyen. Eso es un riesgo importante, pero sólo cuando estás obligando a todos los diversos tipos de público de una sola emisora a escuchar el mismo y único contenido simultáneamente. Así funciona la radio: no puede complacer a los oyentes de manera individual.

Con los pódcast ocurre otra cosa: sólo las personas que están realmente interesadas en el contenido que has prometido en el título de un episodio darán clic para descargar o escuchar en línea tus episodios; por consiguiente, no tiene sentido preocuparte en un pódcast por ofrecer demasiado contenido sobre un tema específico. Probablemente sea más riesgoso romper la promesa de un contenido que no vas a entregar si tienes un límite muy corto de tiempo.

Spam hablado

Quizás ya conozcas la historia de la carne enlatada marca *Spam*, que en tiempos de la Segunda Guerra Mundial llegaba a los soldados del ejército de los Estados Unidos, y cómo esa palabra se convirtió luego en el nombre para toda la información y mensajes "basura" que con intención comercial o publicitaria nos llegan sin que los hayamos pedido. El término se hizo popular por el abuso del mercadeo promocional por correo electrónico o *"mailing"* masivo.

Vale la pena anotar que no es recomendable dar rodeos al hablar en un pódcast y gastar así el tiempo con muchos saludos y frases de cortesía. Eso se acostumbra mucho en la radio cuando no hay información relevante disponible para transmitir; pero, aun así, hay que mantener los programas en su duración establecida, y los presentadores se ven obligados a llenar el tiempo con palabras amables. Se tratan muchos temas abiertos o generales y se acostumbran interrupciones musicales y cambios de tema frecuentes para evitar el aburrimiento.

Otra interpretación sería que el aburrimiento llega cuando no hemos pedido esos temas de los que nos hablan y tampoco resultan suficientemente sorprendentes como para retener nuestra atención o ganar nuestro interés. En otras palabras, cuando recibimos más *spam* que contenido valioso u oportuno, mientras esperamos a que llegue eso que sí nos interesa. A los aficionados al deporte es probable que les aburra la sección de farándula del noticiero, porque no la pidieron, y los interesados en ella quizás se aburran durante la sección deportiva. Es normal si estamos obligados a recibir algo que no pedimos, como requisito obligatorio para obtener información que sí deseamos.

Pero a un episodio pódcast no se llega por obligación o necesidad de esperar al siguiente programa o sección; se llega sólo por voluntad propia de quien va a escucharlo. Las personas que no están interesadas en tu contenido no lo estarán oyendo ni en el minuto 5 ni mucho menos en el 25. Por el contrario, quien llegue con interés auténtico podría disfrutar ese tiempo y quizás más si el contenido es de calidad y está presentado en forma agradable.

Así como no tiene sentido escribir un libro pensando sólo en las personas que no lo van a leer, tampoco será buena estrategia elegir el contenido y la duración de un pódcast pensando en una audiencia que no esté interesada en el tema claramente anunciado en el título y en la imagen de portada. Es verdad que en la radio y la televisión hay que juntar a todos los públicos y procurar hablarles por poco tiempo de lo que no les interesa, antes de que muchos cambien de dial o de canal; pero en el *podcasting* los contenidos se usan de otra manera: quien no esté interesado, simplemente no lo escuchará. ¿Por qué acortarles el contenido a quienes sí estén interesados?

El oyente tiene el control

Asombrosamente para muchas personas, en especial para aquellas con hábitos aprendidos en la radio, en abril de 2017, en el episodio 093 del pódcast *The Feed* —pódcast oficial de Libsyn, la compañía más grande de *hosting* o alojamiento de internet para pódcast—, se reveló la estadística interna en la cual se conoció que durante enero y febrero, entre todos los pódcast de audio que tienen más de 100.000 descargas por episodio en Libsyn, el 84% tuvieron una duración superior a los 51 minutos por episodio. Los pódcast de más de 100.000 descargas con duración de menos de 30 minutos llegaron apenas al 9,9%, y los de 2 horas o más alcanzaron el 13%. Si bien es la primera vez que las estadísticas reales de descargas entregan esos resultados, los usos de la audiencia de pódcast pueden cambiar fácilmente a medida que llegan nuevos usuarios; pero es muy interesante conocer estos datos, que contradicen totalmente a las encuestas por preguntas y a los productores de radio. Curiosamente, esa información se revela en el minuto 59 de ese episodio pódcast, que, como muchos otros, es hablado entre dos personas sin ninguna música de fondo, ni efectos de sonido ni pausas musicales.

Pero es fácil adivinar que hacer episodios largos y dejar que los oyentes pierdan el interés o la atención no será una decisión muy acertada. En resumen, un buen equilibrio será ofrecer contenido suficiente para entregar información de calidad y compañía auditiva agradable durante el tiempo que sea necesario para hacerlo. Un episodio corto en el que la promesa del título queda incumplida dejará una sensación frustrante en la audiencia. Pero un audio o video largo en el que el tema se agote y aun así el episodio continúe sin terminar será igualmente frustrante.

Quizás deberíamos tener en mente que, si el episodio resulta muy largo o aburrido, el usuario final tendrá el control en su mano para adelantar el episodio, saltar al siguiente o detener la reproducción. En cambio, si el episodio se acaba antes de dar contenido relevante y meritorio, o si el contenido real del episodio es menos duradero que la información publicitaria o no solicitada (*spam* hablado), la mala experiencia del usuario no tendrá una solución así de fácil.

Hay que revisar periódicamente las estadísticas y preguntarle a la audiencia, para conocer sus usos, prácticas y preferencias. Y si para desarrollar un tema hay que tomarse una hora o más que eso, es recomendable dejar el episodio sobre ese tema con la duración que necesite, sin recurrir a prácticas habituales en radio como dividirlo en varias entregas cortas, ya que eso puede dar la sensación de que se está reteniendo parte del contenido y se obliga al oyente a hacer varias descargas para obtenerlo.

En este episodio en video en **TodoSobrePodcast.com** explico por qué puede resultar prudente dar un poco más de contenido extra en cada episodio antes que caer en el posible error de hacerlo demasiado corto.

Tercera parte:
¿CON QUÉ GRABAR?

Las herramientas.

Actualmente, se puede comenzar a grabar un pódcast con un teléfono inteligente, ya que éste es un equipo básico que tiene micrófono, altavoz y conexión a internet; además, ofrece la posibilidad de instalar apps que permiten grabar, editar y gestionar el audio para producir y publicar episodios pódcast.

También se puede usar una tableta, que tiene las mismas posibilidades, aunque no haya sido construida con la función específica de permitir hablar y escuchar, como los teléfonos.

En el siguiente nivel están las computadoras, que tienen una capacidad de procesamiento muchísimo mayor, pero por su diseño no son igual de eficientes para cumplir las tareas más básicas por sí solos. Por supuesto, son equipos más robustos para editar y mezclar las grabaciones, pero necesitan estar sobre una mesa, y eso significa que, aunque tengan micrófono (que no todos lo tienen), estará ubicado bastante lejos de la boca de la persona que pretenda grabar sólo con un único equipo básico.

Por eso, a continuación, daremos una mirada a los equipos adicionales que normalmente se usan al grabar pódcast.

Monitores

Hablar y escuchar, grabar y oír. ¿Es el orden correcto? Parece así cuando apenas nos estamos aproximando a la idea de grabar. Pero nadie logra hablar o grabar sin haber oído con mucha atención antes. No se aprende a hablar sin escuchar.

Una buena escucha es, no más importante, pero sí más urgente que una buena entrada de sonido. Sólo oyendo muy bien nuestras grabaciones podremos tomar las decisiones adecuadas al editar y mezclar, encontrar los puntos débiles de nuestro sonido para poder corregir errores, y optimizar nuestro trabajo.

Es curioso que no siempre pensemos primero en conseguir un buen par de monitores de escucha antes de obtener cualquier otro equipo, pues siempre necesitaremos —igual que cuando nacemos— oír para aprender a hablar. Y a editar, y a mezclar.

Por eso, es esencial tener medios de escucha confiables, que nos muestren todas las frecuencias sonoras sin engañarnos. Necesitamos monitores para oír.

Parlantes

No, no es recomendable en absoluto tomar decisiones sobre tu audio a partir de lo que escuches en tu computadora de escritorio o en la portátil.

Lo que más se busca en unos altavoces para monitorear el sonido de un estudio es que sean de respuesta plana, sin alteraciones sonoras comunes en otro tipo de altavoces, como exageración de los tonos bajos o de los brillos y agudos. Tampoco buscaremos potencia en volumen como para hacer una fiesta; necesitamos obtener un sonido fiable al que podamos acostumbrar nuestros oídos y llegar a confiar en que nos muestra el audio con la mayor pureza posible, sin añadir sensaciones que puedan confundirnos.

Por eso, en los estudios profesionales de grabación de discos suelen tener al menos dos pares de monitores: unos pequeños, justo a los lados de la mesa de mezcla; y otros más grandes y potentes al otro lado de la sala.

Los pequeños, que el ingeniero de mezcla utiliza, son para trabajar de manera constante y confiar en el sonido. Los grandes suelen ser para contrastar, confirmar y tener una "segunda opinión" de cómo suena nuestra grabación, y también para probar el sonido a un volumen alto sin volarnos la cabeza.

En algunos estudios incluso recomiendan tener un parlante adicional muy pequeño —preferiblemente uno solo— para verificar cómo se oye nuestra grabación si alguien la reproduce en un aparato monofónico, como el altavoz de un celular. Por supuesto, nuestra grabación también debería oírse muy bien en un aparato de ese tipo. Aun sabiendo que gran parte del sonido bajo se habrá perdido, tendremos que asegurarnos de que el resultado final sea comprensible también en el tope bajo de la calidad de reproducción de sonido.

Los monitores pueden ser activos o pasivos, según tengan ellos mismos incorporado un amplificador para potenciar la señal hasta el volumen que requeriremos. Los activos traen dos conexiones: una de audio para recibir la señal; y otra de electricidad para alimentar el amplificador. Los pasivos sólo necesitan la señal de audio, que deberá llegar amplificada desde un equipo adicional, el cual habrás de incluir en la lista de compra. Por supuesto, ese amplificador también debe ser confiable, y, en lo posible, es importante que no altere la señal con ecualizadores ni simuladores. De nuevo: buscamos el sonido más puro posible, que no mienta.

Los monitores también se clasifican por la ubicación en el estudio para la que estén diseñados. Los más útiles y urgentes son los de campo cercano, para ponerlos en los extremos izquierdo y derecho de la mesa en la que trabajamos. Pasaremos mucho tiempo oyéndolos, y nuestro cerebro probablemente los entenderá como la norma general con la que todos los demás sonidos se medirán; serán los que más nos causen fatiga auditiva, y por eso deberemos buscar que siempre estén encendidos con una intensidad suave, amable y apacible.

Los de campo lejano, en cambio, serán parlantes grandes y potentes, que nos permitirán experimentar el poder de los tonos graves. Se usan en salas de control en los estudios, y en muchas ocasiones son los que convencen a clientes o visitantes de que el trabajo que oyen allí es grandioso. Pero nadie puede estar expuesto a ellos demasiado tiempo sin afectar su salud auditiva y su buen juicio para el trabajo con sonido.

Aquí vale la pena aclarar que la mayoría de las veces hablamos de dos altavoces o bafles como un conjunto de monitores, pero en los estudios de producción de televisión y cine, trabajando en mezclas de sonido multicanal, como Dolby 5.1, THK u otros estándares de sonido envolvente *surround*, los monitores serán probablemente seis: dos en frente, a la izquierda y a la derecha; dos atrás, más separados, a la izquierda y a la derecha; uno adelante, justo en el centro, abajo de la pantalla del monitor de video; y uno más en el piso, el *subwoofer*, encargado sólo de los sonidos bajos.

Aunque hay muchas marcas especializadas en monitores de estudio, veamos a continuación dos recomendadas.

KRK Systems

Esta marca comenzó a producir monitores en 1986, y sólo produce son monitores de audio y audífonos. Es muy popular por ofrecer una excelente relación entre buena calidad y precios razonables, en comparación con sus competidores. Tiene una línea de monitores activos pensada para estudios caseros y aquéllos funcionan bien incluso en un dormitorio. Es la serie ROKIT, disponible en tamaños de 4, 5, 6, 8 y 10 pulgadas. También existe el R6, que es una variación de 6 pulgadas del ROKIT, pero de tipo pasivo, para quien ya tiene un amplificador o prefiere usarlo en forma independiente.

Para estudios más grandes y con más expectativas está la serie VXT, que promete mayor precisión en el sonido y más opciones para el montaje profesional de los altavoces, pues la buena ubicación dentro del espacio físico es bastante recomendada. Está disponible en 4, 6 y 8 pulgadas, tamaño que en esta marca y referencia podría ser el más competitivo del mercado.

El producto bandera de esa marca, a pesar de la popularidad del anterior, es el Exposé, con un solo tamaño de 6 pulgadas y con la promesa de ser un artículo de excelente calidad.

Genelec.

Esta marca fue fundada en 1978 y desde el comienzo se ha especializado en monitores y sistemas de escucha. Muchos expertos podrían estar de acuerdo en recomendarla como la de mejor calidad de altavoces tanto para estudios como para salas de escucha de melómanos, para espacios comerciales y otros usos. Tiene gran experiencia específicamente en monitores de estudio y ofrece variedad de productos, aunque por su óptima calidad no serán reconocidos justamente por precios bajos.

Sus líneas de productos comienzan con los Classic Studio Monitors & Subwoofers, que son el punto de referencia para muchos ingenieros de grabación y de diseño de estudios de sonido. Bajo esta línea hay 7 referencias distintas de parlantes y 2 de *subwoofers* especiales para frecuencias bajas.

Genelec tiene varias líneas más de monitores profesionales que son costosas y en las que ya ofrece su tecnología patentada SAM (*Smart Active Monitoring*), un sistema que permite que sus altavoces se adapten automáticamente a las condiciones acústicas de cualquier sala en la que sean instalados. El mayor beneficio de esto es la calibración del sonido justo para la respuesta acústica —de las paredes y el cielo raso de la sala donde estén funcionando— al tamaño de la habitación, a la cantidad de muebles que haya en ella y a las propiedades de resonancia naturales del espacio.

Esto lo logran con el sistema de software GLM de auto-calibración, que adapta en forma inteligente la respuesta de los monitores a cualquier ambiente acústico para ofrecer siempre el sonido más preciso posible. Esto también permitiría lograr sonido que prevenga la fatiga auditiva de quien esté trabajando en frente de unos Genelec.

Están disponibles en las series 8000, 7000, Serie M, The Ones, Coaxial Studio Monitors, SAMTM Compact Studio Monitors, SAMTM Master Studio Monitors y SAMTM Studio Subwoofers. Y la serie especial IP SAMTM Studio, diseñada para trabajos de audio vía IP.

Audífonos

En todo estudio de sonido, grande, pequeño o muy pequeño, siempre debe haber un par de audífonos fiables y robustos. O mejor varios, diferentes, para que puedas cambiar con regularidad y evitar que tus oídos se fatiguen más de la cuenta. Aunque hay que ser muy enfáticos al explicar que jamás debes usar los audífonos por períodos prolongados, pues está en juego tu salud auditiva.

La fatiga auditiva se produce después de la exposición prolongada a fuentes de sonido intenso; no se trata de algo permanente, sino de pérdidas de audición que se suelen recuperar después de unas horas o días de descanso sin exposición a sonidos fuertes. Simplemente, nuestro oído deja de percibir igual algunas frecuencias y altera nuestra sensación al escuchar, pues hay sonidos que están presentes, y por la fatiga auditiva no los oímos.

Para prevenir daños irreparables en nuestra escucha y en la salud de nuestro sentido del oído, muchos especialistas de audiología recomiendan la "Ley 60 - 60", que propone que nunca usemos auriculares por más de 60 minutos y nunca a más del 60% de su potencia o capacidad de volumen.

Una vez explicado esto, y aclarando que largos períodos de exposición a ruidos fueres pueden acarrear pérdidas de audición definitivas en algunas frecuencias sonoras, pasaremos a explicar por qué los audífonos son tan útiles y a la vez peligrosos.

Se trata de algo que es evidente y que pasamos por alto a propósito, la mayoría de las veces: la cercanía.

Si en el segmento anterior hablábamos de los monitores "de campo cercano", que deben ser de sonido plano, suave y no distorsionado, imaginemos cómo se comporta nuestro oído ante una fuente de sonido que está tocando nuestra cabeza o que en ocasiones llega a estar incluso dentro de las orejas.

Unos audífonos o auriculares de buena calidad nos darán un testimonio fiel prácticamente sin intermediarios, directo del altavoz al oído sin pasar por ninguna parte ni recorrer ninguna distancia, sin alterarse por las condiciones acústicas de la habitación ni por la reflexión o la difracción del sonido en paredes o muebles.

Lo malo es que nuestro oído está expuesto a una presión sonora que no forma parte del modo natural como funciona el mundo; las fuentes reales de sonido jamás están tan cerca de nuestras orejas, y mucho menos tan cerca de nuestro oído medio e interno, dentro de nuestra cabeza.

Los auriculares son de tres tipos dependiendo de su posición en la cabeza; y de dos tipos según su conexión: alámbricos, cuando tienen cables, o inalámbricos, cuando tienen conexión de radiofrecuencia o *Bluetooth*. Estos últimos suelen presentar latencias, que son breves retrasos entre el momento en que un sonido se origina y el instante en que finalmente llega hasta los oídos, lo que suele representar una dificultad para monitorear una grabación y pretender hablar en ella. Para esos casos se recomienda que la voz de quien habla no tenga retorno en el monitoreo, o simplemente evitar los audífonos *bluetooth* para grabaciones y guardarlos sólo para usos lúdicos no profesionales.

In ears

Dentro de las orejas. Son los auriculares pequeños, que tienen el tamaño de un botón y se ponen enganchados justo en la entrada del conducto auditivo externo, disparando el sonido hacia dentro sin posibilidad de escape de la potencia sonora que originen. Son los más peligrosos para causar fatiga auditiva y generar pérdidas de audición.

On ears

Sobre las orejas. Son los que tienen almohadillas que tocanlas orejas; envían el sonido sobre el lóbulo o pabellón auricular. También son peligrosos, aunque resultan un poco menos agresivos que los *in ears*, pues el roce con la oreja produce otro tipo de fatiga, pero en la piel, lo cual notamos más y por eso queremos quitárnoslos después de un rato.

Over ears

Sobre las orejas. O para ser más precisos, alrededor. También pueden llamarse circumaurales o *around ears*. Suelen estar en cascos que recubren las orejas, lo que favorece el aislamiento para oír menos ruido externo y poder bajar el volumen. Son los menos nocivos para la salud.

Oye **aquí** ejemplos para profundizar más en los tipos de audífonos.

Cerrados

Están diseñados para aislar del mundo exterior al oyente. Envuelven el pabellón auricular completamente o se introducen como un tapón dentro del conducto auditivo, al igual que en los modelos *in-ear*.

Abiertos

No bloquean el sonido, ofrecen una experiencia de escucha natural y, sin aislarnos, permiten oír los sonidos externos; además, son mucho más amables para la salud.

Micrófonos

La primera recomendación sobre el tipo de micrófono que conviene usar es que nadie debería pensar en un micrófono sin tener en cuenta también los audífonos o monitores de escucha que usará para evaluar la forma en la que suena su micrófono y logra obtener el mejor resultado.

TodoSobrePodcast.com

El sonido no puede evaluarse sin buenos dispositivos de escucha; no es una buena idea pensar sólo en comprar un micrófono sin tener antes un buen par de parlantes y un espacio bien adecuado para escuchar.

Ya que mencionamos el espacio, también vale la pena destacar que ningún micrófono inventado o por inventar logrará hacer milagros y arreglar el sonido en sitios difíciles por ruido o por reverberación. Eso es muy común en un salón sin apropiada insonorización. Y no hablamos sólo de evitar ruidos externos, sino de evitar también las reflexiones indeseadas.

Será muy mala idea grabar en un cuarto de baño o una habitación con muchos cristales o espejos, o un recinto amplio y desamoblado, con paredes lisas y expuestas que hagan que la voz de las personas se refleje y sea más difícil de comprender en una grabación.

A propósito del espacio donde se produce y se graba el sonido, debemos tener en cuenta otros puntos importantes: **la distancia** a la que ponemos el micrófono; **y el ángulo** en el que éste capta el origen del sonido. Si está muy cerca de la boca de quien habla, captará las explosiones de los fonemas "p", "s" y "f"; y si está muy lejos, podría captar, más que la voz humana directa, el sonido que rebota en las paredes.

Además, si está en un ángulo en especial, podría dar un tipo de sonido más grave, más agudo o más resonante en frecuencias medias. Saber ubicar un micrófono en el ángulo correcto es un arte del que pueden dar fe los músicos y sus ingenieros de grabación y de amplificación en conciertos.

Una mínima variación en altura, posición y "enfoque" puede variar el modo en que se capta el sonido, sin mencionar las formas de sujetar los micrófonos. La base del micrófono, la mesa que lo sostiene o la pata que llegue hasta el suelo son importantes. El cable que lo conecta y la sala en la que se instala, todo interviene en el resultado final.

La toma de voz

Una vez aclarado esto, recomiendo que, en lugar de pensar en "¿qué tipo de micrófono debemos comprar?", pensemos en "la toma de voz", que requiere micrófono, pero incluye todos los elementos que he mencionado anteriormente.

Para ilustrarlo mejor, comparémoslo con la fotografía: Para lograr un producto fotográfico que tenga el nivel de un estudio profesional, una lente profesional será de gran ayuda, pero no logrará la foto ideal por sí sola. No basta una buena lente para obtener la mejor imagen. Habrá que elegir la lente adecuada para el espacio: gran angular, lente fija de encuadre intermedio, lente macro o teleobjetivo. Se necesitan también una buena cámara para fijar la imagen; un estudio con espacio suficiente para ubicar lámparas, filtros de luz, soportes; un excelente trípode para sostener la cámara; y finalmente el modelo que será fotografiado.

En ese ejemplo trasladado al audio: un micrófono ocupa el lugar de la lente. Deberás escoger cuánto espacio circundante podrá captar tu micrófono, y es posible que situaciones diferentes requieran micrófonos diferentes. También necesitarás un buen estudio que permita no sólo que el sonido sea bien captado, con un buen soporte y espacio suficiente, sino que el modelo (locutor) captado por el micrófono pueda lucir bien.

Después de tomar el sonido, posiblemente querrás "revelarlo" con un buen procesamiento de ecualización y quizás editarlo para recortar y afinar el encuadre de lo que aquí llamaremos la '**toma de voz**.

Pensar únicamente en el micrófono sería equivalente a buscar una buena fotografía sólo con la lente y nada más. Pero ¿a qué conectaremos el micrófono? ¿Cuántos micrófonos serán encendidos al mismo tiempo? ¿Iguales o distintos? ¿Con qué cable? ¿En qué estarán soportados? ¿Cuántas personas hablarán? ¿Uno frente a otro o al mismo lado de la mesa? ¿Van a hablar fuerte o suave? ¿En un estudio silencioso o en la calle?

Veamos ahora los tipos de micrófonos.

Micrófonos dinámicos

Estos micrófonos son fuertes y rudos, se conectan a una grabadora o un amplificador y funcionan fácilmente, pero con menos nivel de detalle al captar el sonido.

Convierten en impulsos eléctricos las ondas sonoras que, transmitidas por el aire, mueven una membrana conectada a una bobina móvil de cable enrollado en torno a un imán.

Son recomendados normalmente para eventos y espacios de condiciones ruidosas o de altos volúmenes de sonido, como conciertos y escenarios.

Micrófonos de condensador

Tienen una placa fija y un diafragma que se mueve con la presión del sonido en el aire; esas partes están separadas por un aislamiento.

El micrófono de condensador usa una corriente eléctrica —que proviene del aparato al que esté conectado— para producir variaciones de la carga de corriente replicando la vibración producida por el sonido movido por la membrana del diafragma. Este proceso requiere componentes más delicados y una alimentación de electricidad que se toma de una batería o de una fuente Phantom proveniente de una grabadora, de una mesa de mezcla o de un preamplificador.

Esta tecnología permite combinar cápsulas para obtener micrófonos mucho más versátiles y precisos que los dinámicos; por ejemplo, para captar señal estereofónica, monofónica en dos direcciones (bidireccional), cardioide (unidireccional) o abierta alrededor del micrófono (omnidireccional).

Estos micrófonos son más costosos y se recomiendan para grabaciones, pero no para amplificar el sonido en directo.

Micrófonos electret

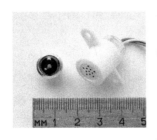

Son una variación del diseño de condensador, pero de menor tamaño. Tienen una carga electrostática que evita el uso de la alimentación Phantom de energía, pero requieren una fuente de electricidad para hacer una preamplificación de la señal eléctrica.

Éste es el tipo de tecnología comúnmente usada en teléfonos móviles, en micrófonos Lavalier o "de corbata" y en pequeñas grabadoras portátiles. Son micrófonos más baratos que los de condensador, pero tienen una vida útil mucho más corta.

TodoSobrePodcast.com

Otros tipos de micrófonos

Poco comunes y de uso muy ocasional, son los micrófonos de carbón, que se instalaban en los teléfonos fijos del siglo XX; los de cristales de cuarzo, que son costosos y susceptibles a los cambios de temperatura; y los de cinta metálica, que son de uso específico para grabar instrumentos de viento con sonidos muy agudos.

Conexiones

Los micrófonos también se pueden clasificar por el tipo de conexión que usen.

Primero mencionamos los micrófonos que requieren cables "balanceados", de 3 vías o 3 alambres. Normalmente, usan conectores XLR (también llamados Cannon) o conectores "Jack" de 3 contactos para enviar la señal en positivo y en negativo, y utilizan la tercera vía como masa para evitar ruidos e interferencias.

También están los que necesitan cables "no-balanceados", con sólo 2 vías o alambres: uno de ellos, situado en el centro del cable, lleva la señal eléctrica y está recubierto por una malla metálica externa para aislar y prevenir ruidos e interferencias eléctricas. Son menos confiables que los balanceados, pues deben usarse de menor longitud.

164

Otro tipo de micrófonos utiliza directamente cables de conexiones digitales tipo USB, micro USB o *lightning*. Esto obedece a que son micrófonos que contienen un convertidor digital y que, al conectarse con una computadora, una tableta o un teléfono inteligente, son reconocidos como una unidad de entrada de audio digital.

Algo similar ocurre con los micrófonos de cone- xión *Bluetooth* —que suelen ser dispositivos "manos libres" con auriculares y micrófono para contestar llamadas telefóni- cas—, pues las conexiones inalámbricas *Bluetooth* normal- mente presentan breves demoras en la transmisión de la señal —conocidas como "latencia" —, que son impercepti- bles en una llamada telefónica o al escuchar música, pero que en una grabación pueden ocasionar gran confusión en la persona que habla; su sonido se graba y se monitorea instantes después.

Otros tipos de micrófonos inalámbricos más funcionales utilizan señal de radiofrecuencia con un transmisor y un re- ceptor, que suelen tener conexiones convencionales de tipo balanceado o no-balanceado.

Patrón polar

Si respecto a una cámara de fotografía hablamos de "encuadrar" y "enfocar" para definir el punto exacto en el que queremos fijar la atención de la vista, hablando de mi- crófonos el patrón polar es la direccionalidad que nos per- mitirá lograr ese mismo propósito con el sonido. ¿A dónde queremos dirigir la escucha? El patrón polar de cada micró- fono permite que hagamos un encuadre del sonido y poda- mos establecer planos de escucha eligiendo qué se oirá con más claridad o cercanía y qué se oirá más difuso o te- nue.

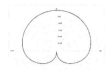

Los micrófonos que captan preferencial-
mente el sonido que tienen justo en frente se llaman **cardioides**, ideales para captar voces de locución o de canto.

Los que tienen un margen más estrecho
hacia el frente del micrófono y se recomiendan para captar
sonido desde más lejos en entornos que resulten más ruidosos son **supercardioides**, recomendados para uso en
video manteniendo el micrófono fuera del cuadro de imagen.

Los que captan por igual todo lo que esté
cerca de ellos sin distinguir entre en frente o atrás, arriba o
abajo, izquierda o derecha, son **omnidireccionales**, muy
apropiados para grabar un grupo de actores desde el centro
de un estudio de grabación correctamente aislado e insono-
rizado.

Los que pueden captar el sonido con fidelidad puntualmente en dos direcciones, hacia delante y hacia atrás, pero resultan menos sensibles hacia las demás direcciones, son **bidireccionales**. Excelentes para grabar la conversación entre dos personas dentro de un estudio de audio o de video.

También debemos mencionar los micrófonos en **estéreo**, que son micrófonos dobles y que en ocasiones permiten modificar con un giro el ángulo de la imagen estereofónica, para hacer que los espacios se perciban más amplios. Esa imagen se obtiene cruzando los micrófonos para que simulen una posición similar a la de los oídos humanos, mirando de frente el origen del sonido o dándole la espalda.

Existen además dispositivos de grabación que tienen doble par de micrófonos estéreo, gracias a lo cual se obtiene una grabación multicanal que permite captar sonido en todas las direcciones con sonido envolvente o *surround*. Normalmente, graban 4 canales de sonido en 2 pares estéreo, uno con imagen de 90 grados hacia delante y otro de 120 grados hacia atrás, para imitar la sensación de perspectiva del espacio sonoro que se produce en los oídos cuando se oye una fuente de sonido que está detrás de la cabeza.

167

Finalmente debemos mencionar los micrófonos **Mid-Side** o de técnica medio-lateral, que es la combinación de una cápsula cardioide y una bidireccional, las cuales, por combinación de las dos señales captadas con diferencia de fases (una señal en lateral en positivo y otra lateral en negativo mezcladas con la señal central cardioide), ofrecen una percepción acentuada del estéreo.

Para ilustrar la multitud de micrófonos posibles y disponibles en el mercado, daremos una mirada al catálogo de dos marcas recomendadas. Teniendo en cuenta que el universo completo de marcas y modelos es realmente muy extenso, esta 'mirada' nos dará una idea para poder comparar otros micrófonos. La elección de estas dos marcas no ha sido fácil, pues deja por fuera a fabricantes de micrófonos de gran reputación y excelente calidad; pero teniendo en cuenta que aquí se trata de hablar de equipos con uso específico en *podcasting*, habrá que dejar de lado dos sellos muy importantes en la construcción de micrófonos.

Por lo menos, deberíamos hacer una mención mínima de dos marcas de óptima calidad que, por sus precios y sus usos de elevado nivel, son vitales en la microfonería de estudios profesionales: Neumann y Telefunken.

Neumann fue fundada en Berlín en 1928. Sobreviviente a un bombardeo a su fábrica en noviembre de 1943, seis años después presentaba al mercado el micrófono U 47, de condensador con cápsula grande, que habría podido ser ser el más célebre de los micrófonos si no hubiera sido superado en renombre por el Neumann U 87, un micrófono cuya versión actual se puede comprar en aproximadamente 3 mil dólares.

Telefunken, de origen alemán, fue fundada en 1903 en asocio entre Siemens y la compañía general de electricidad de Alemania. Su enfoque estaba en la telegrafía, la radio y la televisión, y, con los años, se expandió a más líneas relacionadas, como la telefonía. Su gran micrófono también se llamó U47, e igual que su homónimo, fue superado sólo por su propia marca. Desde 1959, Telefunken Elecktroakustik produjo el célebre micrófono ELA M 251, acompañado por su propio preamplificador de válvulas o tubos, que hoy se puede conseguir por 9 mil dólares. Estos micrófonos de condensador de diafragma amplio son reconocidos por su sonido sin igual y su sistema propio de alimentación de electricidad, diferente al Phantom Power. Para usar uno de éstos, se necesitan el equipo completo de micrófono y la unidad que viene con ellos en un maletín.

Los recomendados

Una vez expuesto este "estado del arte", veamos las dos marcas de micrófonos recomendadas.

Shure

Para actuaciones en vivo, el micrófono dinámico Shure SM58 han sido un requisito por décadas en prácticamente todos los grandes escenarios del mundo. Es verdaderamente el "estado del arte", el modelo universalizado de calidad para cantantes y oradores, en su versión de cable balanceado y otra inalámbrica de radiofrecuencia.

Tiene un sistema neumático antigolpes con el cual asegura su robustez y su durabilidad. Fue diseñado para captar preferentemente la fuente de sonido principal que esté en frente del micrófono y muy cerca de él (con filtro esférico anti-pop y viento), y al mismo tiempo reducir el ruido de fondo al rededor. Su respuesta de frecuencia está entre los 50 y los 15 mil Hertz, y deja por fuera ruidos subsónicos, como las vibraciones de baja frecuencia y los sonidos muy agudos, es decir que se enfoca específicamente en la voz humana.

Esta marca, que comenzó en Chicago en 1925 y que produce micrófonos desde 1932, divide sus líneas actuales de micrófonos en Vocales, Diademas, Lavalier, Home Studio y Studio. Éstas serán las que se ajusten más a usos de *podcasting*, sin contar las diseñadas para usar sólo con instrumentos musicales.

Los Vocales, óptimos para usos de voz cantada y hablada, son dinámicos, cardioides o supercardioides; están disponibles con conexión de cable balanceado o inalámbricos. Sus modelos son PGA58, SM58, SM86 (de condensador), Beta 58A (supercardioide) y Super 55. También están en esta categoría los micrófonos de condensador Beta 87A y el KSM9, que tiene además un patrón polar intercambiable entre cardioide y supercardioide.

Éstos mencionados se sugieren para escenarios. Para uso en estudio, están los micrófonos de condensador PGA27, SM27 y KSM32/SL. Estos micrófonos pueden capturar sonido en espectros de frecuencia mucho más amplios, comenzando en bajos desde 20 Hertz (capturan más bajos que los dinámicos) y en agudos hasta los 20 mil Hertz (oyen más y con mejor calidad tonos altos).

Entre los micrófonos de Diadema, para usar en la cabeza y mantener libres las manos, enganchados desde las orejas y extendiéndose hasta la boca, están las referencias Beta 53 y Beta 54 cardioides de condensador; pensados originalmente en cantantes que a la vez toquen un instrumento. También cardioides pero dinámicos, para ambientes ruidosos, como eventos deportivos, son el WH20XLR y el SM2. Este último tiene además cascos de audífonos para brindar las dos funciones.

Entre los Lavalier, o micrófonos de corbata, están los modelos SM93 y MX183, que son omnidireccionales, el MX184 supercardioide y el MX185 cardioide de alta gama. Todos son de condensador.

En la categoría Home Studio aparecen ya los micrófonos de conexión USB y *Lithning*, como el Motiv MV51 y el Motiv MV5, ambos de condensador y con una app móvil para dispositivos iOS y Android.

El Motiv MV5 ha sido pensado para aplicaciones de *podcasting* de audio y video. Además de *presets* de patrón polar y procesamiento del sonido según se trate de grabación vocal, *podcasting* o grabación de instrumentos musicales, ofrece una salida de monitoreo por audífonos adicional.

Finalmente, en la categoría de micrófonos profesionales de Studio encontramos los micrófonos dinámicos <u>Beta 58A</u> y el clásico <u>SM7B</u> con su versión mixta con USB <u>MV7</u>; los más costosos de condensador <u>KSM44A</u> y <u>KSM42</u>. También para estudio está el <u>KSM353,</u> que no es ni dinámico ni de condensador, sino de tecnología de cinta, de excelente calidad; probablemente, es el más costoso de todos.

Una mención especial merece el micrófono <u>Motiv MV88</u>, diseñado para que se conecte directamente a un iPhone o un iPad, con una bisagra que permite orientar el micrófono hacia diferentes ángulos del dispositivo al que esté conectado y elegir entre múltiples patrones polares, como cardioide, bidireccional, omnidireccional o MS; pues también puede captar sonido estéreo con diferentes ángulos de sensibilidad, seleccionables desde la app móvil de Shure. Ideal para grabaciones de campo y muy versátil.

Shure tuvo un modelo emblemático por décadas desde 1939, el Shure 55 Unidyne, ícono gráfico de los micrófonos para discursos políticos en público; unidireccional y útil para evitar ruidos de retroalimentación o *feedback*.

 Recomendado para *podcasting*:
<u>Shure MV7</u>

Esta compañía japonesa ha trabajado en diferentes campos de la industria de la grabación de sonido: comenzó con agujas para tornamesas y luego 'llegó' a los micrófonos, entre los cuales le ha ido particularmente bien con los super-cardioides de tipo cañón, destinados a grabaciones de video.

Su rango de productos incluye micrófonos muy baratos creados para usar con una computadora; micrófonos para salas de juntas; micrófonos tipo "cuello de cisne" para atri-les en centros de convenciones y congresos y para usos específicos con instrumentos musicales.

Para voz ofrece 39 referencias de micrófonos de mano, entre dinámicos y cardioides; 15 referencias de micrófonos de diadema; 12 Lavalier o de corbata; 9 micrófonos en esté-reo; 8 de condensador de cápsula pequeña, como el AT2020; y 10 micrófonos de tipo cañón o "shotgun" para usar como boom para video y cine.

En verdad, es un amplio espectro de micrófonos de dis-tintas calidades; algunos son muy buenos, pero no todos son igual de recomendables.

Entre sus 14 referencias de micrófonos de condensador pensados para estudios de grabación, se destacan por su calidad el AT5040 y el AT4060, este último con preamplifi-cador de tubos o válvulas.

Es notorio el reconocido micrófono de condensador AT2020, con cápsula de tamaño mediano, una de las op-ciones para quien busca un buen micrófono de este tipo por un presupuesto de bajo nivel. Está disponible también con conexión USB en el modelo AT2020USB+, que tiene adicio-nalmente una conexión directa para audífonos.

También ofrece un micrófono dinámico cardioide con doble conexión de cable balanceado XLR y USB, a un pre-cio bastante bajo: el AT2005USB.

Recomendado para *podcasting*:
Audio-Technica AT2020USB.

Para conocer más sobre micrófonos, escucha estos episodios pódcast (grabados con malos micrófonos)

Serie sobre Micrófonos #SerieMicros01

OYE #SerieMicros 02

Micrófonos Dinámicos #SerieMicros 03

¿Fuerte o suave? #SerieMicros 04

Patrón polar y Frecuencias #SerieMicros 05

Grabadoras

Desde la industrialización de la grabación de sonido, el formato más fiable fue por décadas la grabación en cinta magnetofónica de un cuarto de pulgada de ancho en rollos de carrete abierto. "Grabadora" y "**magnetófono**" eran sinónimos, pues los otros sistemas de fijación de sonidos análoga habían sido cilindros y alambres, que rápidamente fueron reemplazados por cinta magnética; y el otro formato importante, el disco de vinilo o acetato con surcos, se convirtió, por su fragilidad, en técnica únicamente de reproducción y multicopiado, pero no de grabación.

En las discográficas y empresas de radio del mundo hubo grabadoras de marcas como Ampex y TEAC, en las que había que montar los rollos de cinta y enhebrarlos por la ruta de la grabadora hacia las cabezas magnéticas de grabación y lectura del registro sonoro. La edición se hacía con bisturí y cintas adhesivas, y muy pocas personas fuera del nivel industrial tenían acceso a esas grabadoras grandes, pesadas y difíciles de aprender a manejar.

El primer gran cliente con necesidad de uso portátil de la grabación de audio en carrete abierto fue la cinematografía, que requería tomar sonido en locaciones de filmación con óptima calidad de fidelidad de sonido, confiabilidad en la conservación de las grabaciones y excelente desempeño de las diferencias de tiempo que podían producirse al grabar y reproducir las grabaciones a velocidades que nunca lograban ser iguales. Eso representaba un reto importante cuando había que sincronizar diálogos fotografiados por el cine que debían coincidir con el sonido.

Se estableció como estándar aceptado mundialmente el uso de la grabadora **Nagra**, marca cuyo nombre en polaco se traduciría como "grabará". Se trataba de una grabadora de carrete abierto y de tubos (antes de los transistores), diseñada por el ingeniero suizo de origen polaco Stefan Kudelski. La gran fiabilidad y precisión que logró la marca Nagra en sus equipos hizo que siguiera liderando el mercado incluso cuando, con la digitalización, se popularizó el formato de casetes digitales **DAT** (*Digital Audio Tape*), y cuando Sony ingresó al mercado del sonido digital portátil con el **MiniDisc**. Ese formato logró ser fuerte en las compañías de radio, pero el cine siguió confiando más en Nagra.

La primera opción combinada de micrófono y equipo de almacenamiento de audio habría sido hace unos años una de las "grabadoras de periodista" que utilizaban pequeños casetes de cinta magnetofónica y presentaban por primera vez modelos portátiles diferentes a las grabadoras profesionales de carrete abierto. Por ese entonces, se entendía que una buena calidad de sonido sólo se alcanzaría en un estudio profesional con grabadoras de cinta de un cuarto de pulgada en empresas profesionales de radio o de la industria de la grabación de música. En los estudios de grabación de música también hubo cintas de media, de una y hasta de dos pulgadas, para grabaciones multicanal.

Los formatos pequeños de grabación, como casetes de cinta, se destinaban sólo al multicopiado de bajo precio y calidad inferior, y al uso de prensa con la intención de transcribir entrevistas a texto escrito, o a grabaciones aficionadas para recordar ideas. La calidad del sonido no era importante, pues el producto final estaría escrito en un periódico y sin sonido. En el mejor de los casos, se trataba de un casete grabado en casa para enviar cartas habladas, con una idea posiblemente inspirada en los **dictáfonos,** que tenían un micrófono y grababan audio en algunas oficinas de ejecutivos de gran nivel para que alguien reprodujera la voz sólo con el fin de mecanografiar un discurso hablado.

Ese tipo de grabadoras ha evolucionado a aparatos como cámaras de video con excelentes micrófonos y a grabadoras de audio con almacenamiento en tarjetas de memoria SD y otros formatos similares, con capacidad de captar el sonido desde sus propios micrófonos o con conexiones para uno o varios micrófonos externos que incluso pueden ser mezclados en la grabadora y recibir alimentación de electricidad Phantom Power desde la grabadora.

Puede ser una excelente idea usar uno de estos equipos para grabar pódcast, aunque se recomienda editar el sonido capturado en ellos.

Varias de estas grabadoras pueden cumplir múltiples funciones para un *podcaster* y permitir ahorros importantes, pues un mismo equipo sirve como micrófono (con varios patrones polares), interfaz de audio en un estudio casero, grabadora de campo y procesador digital de efectos de audio; incluso puede funcionar como mesa mezcladora.

Las recomendadas

Existen grabadoras de infinidad de marcas y especificaciones, pero aquí recomendaremos las más fiables y reconocidas en los años recientes. Veremos en detalle sólo dos marcas líderes del mercado, a manera de "estado del arte", de forma que sus líneas de producto puedan darnos una idea general sobre la que podríamos comparar y nos ayuden a evaluar los productos de otras procedencias.

TodoSobrePodcast.com

Zoom

Esta marca japonesa se hizo reconocida mundialmente desde los años 80, por producir unidades de procesamiento de efectos digitales para guitarras e instrumentos musicales. Desde 2006, ha liderado el mercado de grabadoras de sonido portátiles, que pueden usarse con la mano o sobre una mesa o con soportes. Con sus modelos digitales, a partir de su experiencia con instrumentos musicales que siempre exigió una magnífica calidad de sonido, rápidamente superó a Sony, que había sido el más reconocido vendedor de grabadoras de casete en tiempos del reinado del walkman.

Tiene una variada gama de equipos de grabación "de campo", entre los cuales están los modelos H1n, como la grabadora más básica y portátil, con capacidad de grabar en tarjeta de memoria SD sonido estéreo con sus micrófonos integrados, o conectar un micrófono tipo Lavalier o de corbata. Permite grabar en WAV o en MP3 y tiene también un puerto USB para conectarse a una computadora para trasladar los archivos, o incluso para ser reconocida como micrófono que lleve el audio directamente a un programa de edición en la computadora.

La segunda propuesta de Zoom es la H2n, capaz de hacer todo lo que hace la anterior, pero con 5 micrófonos integrados dentro del aparato, por lo que añade posibilidad de cambiar el patrón polar de los micrófonos y combinarlos para grabar en monofónico, en estéreo y hasta en 4 canales de sonido simultáneo tipo envolvente o *surround*.

El modelo H4n ya incorpora además dos conectores que funcionan a la vez como balanceados XLR y no-balanceados "jack", para conectar micrófonos externos, y añade efectos digitales disponibles para la grabación de instrumentos musicales y modo multicanal de grabación para música.

178

La grabadora H5 es muy similar, pero sus micrófonos son intercambiables. Se puede elegir entre gran variedad de micrófonos posibles para usar acoplando a la grabadora o conectando otros micrófonos tradicionales vía XLR.

Y finalmente la H6 viene con 2 micrófonos estéreo intercambiables para elegir; también se pueden usar otros de la misma marca comprados por separado. Pero además tiene 4 conectores XLR adicionales, lo que permite hacer grabaciones monofónicas y en estéreo con hasta 6 micrófonos diferentes que pueden ser mezcladas en el mismo aparato, o grabaciones multicanal de hasta 6 señales distintas que pueden ser mezcladas más adelante.

Esto permite usar la grabadora en forma muy versátil, pues sirve por sí sola y también puede reemplazar una mesa de mezcla incluso de manera más eficiente que los equipos tradicionales cuando se trata de grabación multicanal.

Además, Zoom tiene una app móvil de grabación que puede usarse en iPhone o iPad con los micrófonos de esos aparatos o con los micrófonos externos Zoom iQ6 e iQ7 de conexión *Lightning*. De esta forma, una persona puede adquirir por menos precio sólo el micrófono y convertir su teléfono en una grabadora Zoom.

Para grabación de video también hay algunos modelos de videocámaras Zoom que certifican el buen sonido de sus micrófonos.

Tascam

Tascam, la división de grabación de audio de la Tokyo Electro Acoustic Company, TEAC, es muy reconocida desde la segunda mitad del siglo XX por su fabricación de equipos de calidad superior, robustos y eficientes.

Con una larga historia en cuanto a producción de excelentes grabadoras, y con el propósito de que sus productos estén en el buen nivel como para ser usados por músicos que fijan ideas para componer o adicionar a sus discos, Tascam tiene los modelos DR-05 y DR-40, que pueden superar a otras marcas al añadir funciones especiales, como velocidad variable para oír más rápido cuando se busca un punto exacto en una grabación o más despacio cuando se quiere transcribir lo que se oye, sin necesidad de cambiar el tono de la grabación. También permiten bucles o *loops* para que los músicos puedan repasar fragmentos y estudiarlos.

La DR-05 tiene dos micrófonos, por lo que puede grabar sonido estéreo omnidireccional. Los dos micrófonos de la DR-40 son unidireccionales y permiten cambiar su posición para elegir el rango de sonido estéreo deseado. Además, con esta grabadora se pueden hacer grabaciones de 4 canales de audio simultáneo, pues también tiene dos conectores XLR para micrófonos adicionales.

Incluye una opción de audio "dual", que graba automáticamente una segunda copia del audio, pero a un volumen más bajo, para que se pueda recuperar una grabación que se haya estropeado por saturación de volumen.

Hay otros dos modelos más grandes, DR-22WL y DR-44WL, que son equivalentes en especificaciones técnicas y desempeño, pero que ofrecen como innovación importante la posibilidad de conectarse vía wifi a equipos Android, iPhone o iPad para controlar la grabación en forma remota.

Interfaz de audio

Es el equipo que convierte una señal de audio analógico captado por micrófonos en digital, para ser grabado usando software de grabación y proceso digital. Y también convierte ese audio digital en sonido análogo que podamos escuchar. Suena simple, pero ahí está puesta toda la responsabilidad de la buena calidad del sonido que podamos ofrecer, lo que hace de la tarea algo de mucha responsabilidad.

Una vez conocido esto, podemos decir que el tamaño de una interfaz de audio está determinado por la cantidad de conexiones de entrada de micrófonos o líneas de instrumentos y por la cantidad de salidas.

Si pensamos en el procesamiento digital efectuado con una computadora, como en casi todos los trabajos de *podcasting*, no nos preocuparemos mucho por el número de salidas de audio análogo, pues eso es relevante para la grabación de música en sistemas multicanal. Pero posiblemente sí nos interese la capacidad de una interfaz de entregar canales separados a un software de grabación.

Las entradas suelen ser de dos tipos: balanceadas para micrófonos, que tienen "previos" o preamplificación de la señal; y no-balanceadas para líneas de instrumentos eléctricos, como bajos y guitarras, o micrófonos no-balanceados que también se usen para música en vivo.

TodoSobrePodcast.com

Una buena interfaz de audio estará en condiciones de enviar alimentación de electricidad Phantom Power a un micrófono de condensador y preamplificar su señal. Esto es importante para el buen sonido, pues significa elevar el voltaje de los impulsos que ha captado el micrófono del sonido vibrando en el aire. En este proceso puede añadirse ruido eléctrico y causar distorsión. Aunque se trata de mantener un óptimo equilibrio de lograr amplificar el sonido sin amplificar ruido y distorsión, ésta también puede ser percibida en niveles muy sutiles como "calidez" en el sonido, por lo que muchos ingenieros de grabación en ocasiones prefieren usar preamplificación análoga, como se hacía antiguamente, buscando justamente esa calidez atribuida por mucho tiempo a los equipos con tubos o válvulas y no con transistores.

Veamos los ejemplos de dos excelentes marcas recomendadas.

Focusrite

Esta marca inglesa ha sido reconocida por su gran calidad en conversión de audio análogo a digital y en especial por el buen sonido de sus preamplificadores, que toman la señal de los micrófonos y aumentan su poder mejorando la percepción que tenemos del sonido capturado.

La interfaz más pequeña de Focusrite es la Scarlett Solo, con conexión USB, una única entrada de micrófono con Phantom Power de 48V y una de línea de instrumento. Tiene dos salidas análogas RCA para monitorear el sonido con un amplificador o enviar a una grabadora, y una conexión de audífonos con volumen independiente. Está pensada para guitarristas o compositores de canciones.

La iTrack Solo tiene dos entradas y salidas análogas, y puede conectarse a un Mac, un PC, un iPhone o un iPad.

Le sigue en la línea de producto la Scarlett 2i2, que se precia de ser la interfaz de audio USB mejor vendida en el mundo y de tener una excelente reputación en calidad de sonido. Cuenta con dos entradas para micrófono. Su versión más grande es la Scarlett 4i4, que tiene cuatro salidas de audio y está pensada para música en vivo; incluye una conexión MIDI para conectar instrumentos digitalmente y controlarlos por software en ejecuciones en directo, con salida de audio para audífonos, sincronización de instrumentos electrónicos y salidas análogas simultáneas para grabación y para amplificación profesional en eventos. Ideal para sesiones DJ, por ejemplo.

Todos estos modelos se ofrecen en "studio pack" si van acompañados de un micrófono y unos audífonos de la misma marca. Los audífonos son los HP60 de cascos *over ear*, que cubren los oídos para reducir la escucha de ruidos externos. El micrófono es el CM25, de condensador con diafragma grande, ideal para grabaciones de nivel profesional. Así están completos los tres equipos imprescindibles que se requerirán para producir excelentes grabaciones.

Tascam

El modelo más pequeño es el iXZ, presentado para uso de estudio portátil de sonido, con una conexión XLR para micrófono o instrumentos eléctricos, como guitarras. Está diseñado para usar con iPhone o iPad con conexión por cable *mini jack*.

La siguiente interfaz es la iXR, que tiene dos canales de conexión de micrófonos o instrumentos y conexión a iPhone o iPad vía *Lightning* o a Windows y MacOS vía USB.

TodoSobrePodcast.com

Posiblemente, la línea más fuerte de interfaces de audio Tascam sea la US, con conexiones USB y *Lightning*, y con varios modelos disponibles según el número de entradas de micrófono o instrumento que requiera cada usuario o proyecto. Así, la Tascam US-1x2 tiene una sola entrada de micrófono y dos salidas análogas de audio para brindar una señal estéreo a otro aparato de audio, como una grabadora externa. US-2x2 tiene 2 entradas y 2 salidas, que se amplían al doble en el modelo Tascam US-4x4. Para necesidades más amplias está la US-16x08, cuyo número refleja la cantidad de entradas y de salidas, así como en la US-20-x20.

Específicamente pensados en *podcasting* de audio y de video, están los modelos MiNiSTUDIO Personal en sus presentaciones US-32 y US-42. Estos equipos, además de funcionar como entrada y salida de audio tanto de micrófonos como de líneas auxiliares de audio, permiten tener botones disponibles para lo siguiente: cortinas musicales, efectos sonoros y procesos digitales en directo. Estos últimos modifican el sonido de los micrófonos con compresión de audio, reverberación, ecualización, ecos y cambio de voz para crear personajes. Todo esto está disponible en directo durante una grabación o transmisión. Uno de los botones —de hecho, el más grande— dice "On Air", explicando la especificidad de este modelo pensado para los *podcasters.*

Estas dos opciones de interfaz de audio se diferencian en que la US-32 tiene una sola entrada de micrófono y la US-42, dos. Además, el 42 permite comunicación USB en doble vía con la computadora a la que esté conectada. Tiene disponible un modo "Creator" pensado para grabaciones y un modo "Broadcast" para transmisiones, con un botón para intercambiar entre ambos modos.

En el "Creator" privilegia la captura de sonido y el monitoreo, ideal para grabar y editar; mientras que en el "Broadcast" activa la posibilidad de que todo lo que se oye en los audífonos salga en una emisión en directo, fusionando así las fuentes captadas por los micrófonos, el proceso digital de efectos de reverberación y ecualización, y los sonidos grabados y disponibles para reproducir desde los botones de la interfaz; y todo lo que provenga de la computadora estará en la transmisión.

Se pueden integrar llamadas telefónicas, de Skype o de FaceTime, música tomada de Spotify o de YouTube (ten cuidado con los derechos de autor) o archivos pregrabados para ser usados en directo.

Mesas de mezcla

Cuando se tienen múltiples y diferentes fuentes de sonido, como varios micrófonos simultáneos, entradas de línea, *samplers*, sintetizadores, tornamesas, grabadoras y reproductores de CD, además de conexiones telefónicas, se hace indispensable tener un dispositivo para mezclar todas esas fuentes en un solo audio resultante.

Una vez que las señales sonoras entran en la mesa, pueden ser procesadas y tratadas de diversos modos para dar como resultado de salida una mezcla de audio, mono, multicanal o estéreo. El procesado habitual de las mesas de mezclas incluye la variación del nivel sonoro de cada entrada, ecualización, efectos de envío, efectos de inserción, panorámica y balance (para los canales estéreo).

Estas mesas se utilizan en diferentes medios, especialmente estudios de grabación musical, radiofónicos, televisivos o de montaje cinematográfico, como herramienta imprescindible en la producción y emisión de audio con muchas fuentes de sonido simultáneas.

Cuando tenemos una producción en directo con 3 o más micrófonos simultáneos y llamadas a distancia, es necesario contar con una mesa de mezcla.

Veamos dos tipos de mesa de mezcla físicas especiales para pódcast y dos virtuales recomendadas, además de los sistemas de grabación a distancia por internet que reemplazan una mesa de mezcla.

Rodecaster Pro II y Rodecaster Video

La marca australiana RØDE ha desarrollado dos consolas de producción avanzadas para creadores de contenido:

RØDECaster Pro II

Esta consola autónoma está diseñada para grabar pódcast de forma independiente o conectada a una computadora. Cuenta con cuatro entradas combo de alta calidad para micrófonos, instrumentos y dispositivos de nivel de línea. Incluye seis faders físicos y tres virtuales, permitiendo una mezcla personalizada. Ofrece procesamiento de audio de calidad de estudio y efectos integrados, además de ocho pads programables para activar sonidos y efectos al instante. La conectividad *Bluetooth* facilita la integración de llamadas telefónicas de alta calidad, similar a las emisiones de radio en vivo. La grabación se puede realizar en una tarjeta microSD, dispositivo de almacenamiento USB o computadora.

RØDECaster Video

Esta consola todo-en-uno combina producción de video y audio, ideal para videopodcasts y transmisiones en vivo. Dispone de cuatro entradas HDMI de alta definición y dos puertos USB-C, permitiendo la conexión de múltiples cámaras y dispositivos de video. Incluye dos entradas con preamplificadores de bajo ruido y alta ganancia para micrófonos XLR, instrumentos u otras fuentes de audio. Ofrece procesamiento de audio con efectos como ecualizador, compresor y otros. La grabación se puede realizar directamente en dispositivos de almacenamiento USB externos, incluyendo grabación aislada (ISO) para flexibilidad en la postproducción.

Ambas consolas están diseñadas para ofrecer una solución integral y profesional para la creación de contenido, adaptándose a las necesidades específicas de cada productor.

 Recomendamos la Rodecaster Pro para grabaciones de pódcast en equipos de hasta 4 personas y llamadas telefónicas.

Zoom Podtrack

La serie Podtrack de la marca Zoom está diseñada para facilitar las grabaciones y emisiones en directo de audio con equipos muy efectivos, pero más pequeños que una mesa de mezcla convencional.

La Podtrack P8 tiene una apariencia y funcionalidad muy similares a las que acabamos de ver en la Rodecaster, pero dispone de 13 entradas de audio, de las cuales 6 son de micrófono XLR, y 9 almohadillas de sonidos asignables, de manera que logra cubrir necesidades más exigentes.

Además, está disponible la Podtrack P4, que es más modesta, pequeña y económica, pero eficiente cuando se trata de captar hasta 4 micrófonos simultáneos por un poco menos de la mitad del precio.

 Recomendamos la Podtrack P4 para la mayoría de los usos en pódcast.

Mezcladores virtuales

Spreaker Studio App: Un software con versión para computadora de escritorio (Windows, Mac o Linux), tabletas y móviles iOS y Android. Permite recibir y mezclar 4 señales de micrófonos o interfaces de audio en la versión de ordenadores, cargar tracks de música o grabaciones y sumar 9 almohadillas de sonidos asignables.

En ordenador puede configurarse para que reciba llamadas vía Skype, Telegram o similares.

En la App iOS y Android, captura el audio directamente del micrófono del teléfono o tableta, o de uno micrófono externo conectado.

El software y la app son gratuitos, pero deben usarse con una cuenta de Spreaker y tienen límites de tiempo de grabación según el tipo de cuenta.

Voicemeeter: Es un mezclador de audio virtual que permite controlar simultáneamente las salidas de audio de hasta tres aplicaciones diferentes.

Está disponible con licencia a cambio de una donación y corre sólo en Windows.

Grabación a distancia

Los sistemas de grabación remota aparecen en esta sección del libro porque ofrecen la misma función que tendría una mesa de mezclas multipista, con la diferencia de que cada uno de los micrófonos que capturan el audio están en distintos lugares del mundo, y estos sistemas hacen una grabación local en cada computadora, conectada a internet para poder mantener una conversación fluida.

Originalmente pensados solo para funciones de conexión y grabación, poco a poco muchos de estos servicios han expandido su oferta también a edición, producción, postproducción automatizada y publicación.

Veremos primero y de forma más completa, los servicios más recomendados.

Zencastr:

Genera una reunión virtual con audio y video, de modo que los participantes pueden escucharse y verse. Graba el audio y, en forma opcional, el video para cada participante de manera individual. La conversación en internet se realiza con baja resolución para privilegiar la fluidez; pero en el plano local hace una grabación en cada computadora —que no se deteriora por no haber pasado por internet— y sube los archivos a la nube cuando termina la reunión.

En la versión de pago se pueden tener además un panel de sonidos y cortinillas que se reproducen durante la grabación; y los participantes pueden escuchar en directo, pero al final los canales de audio (y de video si se ha elegido) quedan grabados y al subirse a la nube se sincronizan. Zencastr también ofrece una mezcla automática de la grabación, con mejoras de sonido para cada uno de los canales. Tiene un plan gratuito de grabación en MP3 y uno de 20 dólares al mes con grabación en WAV y tiempo ilimitado para las grabaciones. Navegador recomendado: Chrome.

Brinda las herramientas para grabar, editar, distribuir y monetizar tus podcasts desde una única plataforma. Se destaca por ofrecer grabaciones de video de hasta 4K y audio en 16-bit 48k WAV, garantizando la máxima calidad independientemente de la conexión a Internet de los participantes gracias a las grabaciones locales.

Zencastr se enorgullece de su Soundboard en la nube, que permite insertar clips de audio en tiempo real durante la grabación, y su proceso de postproducción que optimiza la calidad del audio con solo un clic. Además, con la innovadora tecnología de diseño de video AI de Zencastr, no tendrás que preocuparte por ajustar el video durante las grabaciones, ya que la plataforma se encarga automáticamente de centrar los rostros y mostrar a los participantes activos.

Si buscas entender mejor a tu audiencia, Zencastr proporciona análisis detallados que te muestran desde dónde te escuchan hasta qué dispositivos utilizan. Y, si te preguntas cómo monetizar tu podcast, la Red de Creadores de Zencastr conecta tu programa con las marcas adecuadas, permitiéndote ganar dinero con facilidad.

Ofrece varios planes:

Hobbyist (Gratuito): Especialmente diseñado para nuevos podcasters. Incluye 2 horas de grabación de audio y video, alojamiento de audio ilimitado, hasta 12 participantes por grabación, calidad de video en 720p, y más.

Creator+ (Gratuito): Una oferta exclusiva para miembros de la Red de Creadores, que incluye todas las características de Hobbyist, además de grabación de audio y video ilimitada, calidad de video en 1080p, y funcionalidades avanzadas como AI Video Layouts.

Profesional ($18/mensual): Suma características como grabaciones WAV ilimitadas en 16-bit 48k, almacenamiento ilimitado, transcripciones en inglés sin límite, edición en vivo, y eliminación de marca de agua de Zencastr, entre otras ventajas.

Para invitados en movimiento, Zencastr también ha lanzado su aplicación móvil, permitiéndote grabar podcasts de alta calidad en cualquier lugar desde tu iPhone o iPad.

StreamYard:

Es una plataforma diseñada para la transmisión en vivo o grabación de podcasts con participantes remotos, quienes pueden unirse con facilidad desde sus navegadores o teléfonos sin la necesidad de descargar software adicional. Una de sus características destacadas es la grabación local, donde se almacena un archivo de audio y video en el dispositivo de cada participante. Así, incluso si la conexión a Internet es débil, las grabaciones se mantendrán nítidas, sin distorsiones ni interrupciones.

StreamYard permite la transmisión múltiple, es decir, se puede transmitir simultáneamente en diferentes plataformas como Facebook, YouTube, LinkedIn, Twitter, Twitch, entre otras. Además, ofrece herramientas interactivas como la visualización de comentarios en pantalla. Personaliza y añade tu marca al programa con logos, colores, superposiciones y videos (como introducciones y conclusiones), todo sin necesidad de conocimientos de diseño.

Ofrece tres planes:

Gratuito: Acceso a las principales herramientas del estudio con el logo de StreamYard en tus transmisiones. Tiene limitaciones de transmisión, 2 horas mensuales de grabaciones locales y admite hasta 6 participantes en pantalla.

Básico ($20/mensual): Todas las funciones gratuitas pero sin el logo de StreamYard, transmisión ilimitada, grabaciones locales ilimitadas, hasta 10 participantes en pantalla, transmisiones múltiples a 3 destinos, y 50 horas de almacenamiento, entre otras características.

Profesional ($39/mensual): Incluye seminarios web On-Air con capacidad para 250 espectadores, cámara adicional, hasta 12 participantes entre bastidores, y transmisión múltiple a 8 destinos, entre otros beneficios.

Para una mejor experiencia, se recomienda usar el navegador Chrome al acceder a StreamYard.

Riverside:

Tiene como ventaja una App para iOS y capacidad de video de hasta 4K;y ofrece planes de pago desde 7,5 dólares mensuales, que incluyen 2 horas de cuota de grabación. Navegador recomendado: Chrome.

es una plataforma de estudio online para la grabación de podcasts y videos de alta calidad. Te permite grabar con una calidad de estudio sin necesidad de tener uno físico. La plataforma es versátil y se adapta a las necesidades de los creadores modernos, permitiéndote crear desde podcasts, entrevistas en video, clips para redes sociales, webinars, hasta marketing en video.

Una de las principales ventajas de Riverside es que graba localmente a ti y a tus invitados, evitando las conexiones a Internet pobres o inestables y proporcionando audio y video de calidad de estudio. ¿Buscas más control sobre tus grabaciones? Riverside te ofrece pistas de audio y video separadas para ti y cada uno de tus invitados, facilitando la post-producción y otorgando una gran libertad creativa.

Otra característica a destacar es su potente motor de transcripción con soporte para más de 100 idiomas. Gracias a la inteligencia artificial, Riverside puede transcribir tus grabaciones en segundos. Además, su editor basado en texto permite acelerar la post-producción; simplemente busca en la transcripción lo que necesitas, encuéntralo, córtalo y listo.

Para aquellos que buscan crear contenido de formato corto, Riverside ofrece clips mágicos potenciados por inteligencia artificial. Con un solo clic, puedes crear y personalizar clips que están listos para compartir en tus redes sociales.

Riverside ofrece tres planes:

Gratis: Permite probar las funciones básicas de Riverside, incluyendo 2 horas de pistas de audio y video separadas (única vez), grabación y edición ilimitada en una sola pista, marca de agua en archivos exportados, calidad de video de hasta 720p y calidad de audio de 44.1 kHz. Además, ofrece llamadas de video ilimitadas.

Estándar ($15/mensual): 5 horas de pistas de audio y video separadas al mes, todo lo que incluye el plan gratuito, pero sin marcas de agua, calidad de video de hasta 4K, calidad de audio de 48 kHz, función de compartir pantalla y transmisión en vivo a redes sociales.

Pro ($24/mensual): 15 horas de pistas de audio y video separadas por mes, todo lo que incluye el plan estándar, además de la posibilidad de recibir llamadas en vivo, transcripciones ilimitadas y soporte de chat en vivo.

Squadcast:

Similar a los anteriores, Squadcast hace parte de los servicios de Descript, con planes de pago desde 20 dólares mensuales, empezando con un cupo de hasta 5 horas grabadas al mes. Navegador recomendado: Chrome.

Para aquellos meticulosos con la edición, Squadcast permite ajustar secciones de cada pista, ya sea para limpiar, procesar, silenciar o corregir niveles de volumen. Además, con la integración de Dolby.io, se benefician de características avanzadas de procesamiento de audio, como nivelación dinámica, experiencia inmersiva con audio espacial y reducción de ruido y eco.

El post-proceso se simplifica aún más con la posibilidad de integrarse con tus programas de edición favoritos. Además, cuenta con una integración API a Descript, permitiendo una rápida transferencia y edición de grabaciones y archivos.

Squadcast ofrece varios planes adaptados a tus necesidades:

Gratis ($0): Ideal para iniciarte, incluye 1 hora de grabación por editor al mes, 1 programa, participación de 10 personas en escenario y backstage, 1 integración, grabación de video y pantalla, y una serie de características adicionales, como remoción de palabras de relleno y una biblioteca de stock limitada.

Creador ($12/mensual): 10 horas de grabación al mes, 5 programas, las mismas limitaciones de participantes que el plan gratuito, integraciones y características adicionales como pantalla verde AI hasta 60 minutos y exportaciones sin marcas de agua.

Pro ($24/mensual): 30 horas de grabación por editor al mes, programas ilimitados, integraciones ilimitadas, y el Master Audio con Dolby Voice, además de todas las características del plan Creador.

Empresa: Todo lo que incluye el plan Pro, con beneficios adicionales como un representante de cuenta dedicado, inicio de sesión único (SSO) y entrenamiento para la incorporación.

Descript

Siguiendo una línea semejante a otras herramientas, Descript te ofrece planes desde 12 dólares al mes, brindándote un inicio con hasta 1 hora de transcripción y grabación al mes. Navegador recomendado: Chrome.

Para los detallistas de la edición, Descript simplifica la tarea con herramientas intuitivas que te permiten ajustar segmentos de tus grabaciones y transcripciones, ya sea para corregir, procesar o ajustar niveles de precisión. Además, gracias a la integración de tecnologías avanzadas, Descript potencia la calidad y rapidez en la transcripción y ofrece edición de video similar a la de un documento.

El flujo de trabajo se vuelve más ágil con la posibilidad de integrar y transferir tus contenidos de forma fluida, especialmente con la integración de Squadcast, favoreciendo la grabación remota y la edición colaborativa.

Descript tiene planes para cada tipo de usuario:

Gratis ($0): Perfecto para los que están empezando, incluye 1 hora de transcripción y grabación remota al mes, edición básica de video en 720p, y herramientas adicionales como remoción de palabras de relleno y una biblioteca de stock limitada.

Creador ($12/mensual): 10 horas de transcripción y grabación remota por mes, funciones avanzadas como "Green Screen" por IA hasta 60 minutos y exportaciones de video sin marcas de agua en 4K.

Pro ($24/mensual): 30 horas de transcripción y grabación remota al mes, integraciones ilimitadas, y todas las características del plan Creador potenciadas, incluyendo "Overdub" y "Studio Sound" ilimitados.

Empresa (Personalizado): Combina todas las prestaciones del plan Pro, agregando servicios premium como un representante de cuenta exclusivo, inicio de sesión único (SSO) y sesiones especializadas de onboarding.

Zoom.us:

Permite grabación en la nube, y en una computadora, en la que se puede activar una opción para que cada participante en una reunión sea grabado por separado. Tiene app disponible para computadoras y para teléfonos o tabletas iOS y Android. El límite de su plan gratuito es de 40 minutos cuando participan 3 o más personas. Sus planes de pago comienzan en $14.99 dólares.

Discord:

Es un servicio de mensajería instantánea gratuito que permite llamadas. Grabación no, pero se puede capturar el audio con software adicional como extensión; por ejemplo, Craig. La grabación se toma de internet, y eso puede bajar la calidad del sonido.

Twich:

Es una plataforma de transmisiones de video en vivo que puede grabarlas. Fue pensada inicialmente para transmisión de videojuegos; pero, además de transmisiones unipersonales, permite que hasta 4 personas se unan para transmitir en Stream Grupal.

Ringr:

Es una app móvil que permite a los usuarios conectarse, grabar su conversación y descargarla para la edición y la reproducción. Tiene un plan de 7,99 dólares y uno de 18,99 con prueba gratuita de 7 días.

Cleanfeed:

Es un servicio de conexión remota, que codifica el audio para optimizar la calidad. Desde una conexión en el navegador Chrome, crea una mesa de mezcla virtual que al mismo tiempo permite grabar canales separados de las personas conectadas y de un canal adicional de músicas.

La inteligencia artificial: tu asistente de producción

En los últimos años, la inteligencia artificial (IA) ha pasado de ser una novedad tecnológica a convertirse en una herramienta indispensable en el mundo del podcasting. Desde la edición automatizada hasta la generación de voces, la IA está simplificando tareas complejas y permitiendo que creadores de todos los niveles produzcan contenido de alta calidad.

Este capítulo explora cómo la IA está transformando las diferentes etapas de producción de un pódcast: grabación, edición, transcripción y optimización.

Edición automatizada: calidad profesional en minutos

Las herramientas de edición impulsadas por IA han revolucionado la postproducción, ahorrando tiempo y mejorando la calidad final.

Hindenburg: Ofrece una interfaz intuitiva diseñada para la producción de pódcast y radio, facilitando la edición y mejora del audio con herramientas automatizadas que ajustan niveles y optimizan la calidad sonora.

Descript: Permite editar audio y video como si fuera un documento de texto, eliminando silencios, pausas y errores automáticamente.

Adobe Podcast: Utiliza inteligencia artificial para limpiar el audio, ajustar niveles y eliminar ruidos de fondo con un solo clic.

Auphonic: Optimiza automáticamente los niveles de sonido, el balance y la reducción de ruido, ideal para creadores que buscan calidad sin conocimientos técnicos.

Estas herramientas simplifican la producción y permiten que el creador se enfoque en el contenido.

Transcripción inteligente

La IA ha transformado la transcripción de audio, ofreciendo herramientas rápidas y precisas que convierten los episodios en texto útil para múltiples propósitos:

HappyScribe y **Sonix**: Generan transcripciones precisas en cuestión de minutos, facilitando la creación de subtítulos y mejorando la accesibilidad.

YouTube (subtítulos automáticos): Aprovecha la IA de YouTube para generar subtítulos accesibles, ampliando el alcance de tu contenido.

Las transcripciones no solo mejoran la accesibilidad, sino que también aumentan la visibilidad del pódcast en motores de búsqueda (SEO).

Creación de voces artificiales: narradores que no descansan

Las voces generadas por inteligencia artificial han avanzado tanto que ahora es posible crear narraciones naturales y personalizadas:

ElevenLabs: Ofrece voces generadas por IA con tonos y emociones realistas, ideales para narrar segmentos automatizados o crear introducciones personalizadas.

Play.ht: Proporciona soluciones de voz similares, permitiendo a los creadores generar contenido de audio de alta calidad sin necesidad de locutores humanos.

Aunque no sustituyen por completo la autenticidad de una voz humana, son una solución eficiente y económica para tareas específicas.

Asistentes de guion: generadores de ideas y estructura

La inteligencia artificial también ayuda a los creadores en la fase previa a la grabación:

ChatGPT: Una herramienta que puede redactar guiones, estructurar episodios y generar ideas creativas basadas en temas específicos.

Jasper AI: Ofrece funcionalidades similares, asistiendo en la creación de contenido atractivo en poco tiempo.

NotebookLM: Una herramienta de Google que ayuda a organizar y comprender información compleja, generando resúmenes y guiones a partir de diversas fuentes.

Estos asistentes funcionan como un apoyo que agiliza la producción y reduce el tiempo de planificación.

Optimización de contenido: la IA también escucha

Plataformas avanzadas están utilizando IA para analizar la efectividad de los episodios y brindar recomendaciones:

Análisis de métricas de retención: Identifican en qué momentos la audiencia abandona la reproducción, permitiendo ajustes en la estructura del contenido.

Recomendaciones sobre duración y ritmo: Basadas en el comportamiento de los oyentes, sugieren mejoras para mantener el interés a lo largo del episodio.

Herramientas como **Spotify for Podcasters** y **YouTube Analytics** incorporan estas funcionalidades, ayudando a los creadores a optimizar su contenido.

IA como herramienta, no como sustituto

La inteligencia artificial no reemplaza la creatividad humana ni la autenticidad de un buen pódcast, pero sí actúa como una **herramienta poderosa** que democratiza el acceso a la producción de calidad.

Desde la grabación hasta la postproducción, la IA está transformando el panorama del podcasting, permitiendo que incluso los creadores con menos recursos compitan en igualdad de condiciones con grandes producciones.

Cuarta parte:
¿DÓNDE PUBLICARLO?

Qué es el *feed* RSS

Es la dirección que das a quien quiera suscribirse a tu pódcast, y a directorios como iTunes para que añadan tus publicaciones a su listado.

Como ya se ha mencionado, la sigla corresponde a *Really Simple Syndication*, que traduciríamos como Redifusión Realmente Simple; pero también se habla de RSS como *Rich Site Summary* o Resumen Rico de un Sitio.

En la práctica, se trata de un archivo en lenguaje XLM que contiene los datos de las publicaciones de un blog o de un pódcast, con los artículos o episodios numerados como "ítems", que constan de un título, un texto de resumen o descripción y un enlace a la URL que aloja el contenido completo, incluyendo para los pódcast el archivo de audio (o de video cuando sea el caso) como *media enclosure* o "medio encapsulado". Esta información está etiquetada con la fecha en la que se publica cada entrada o episodio, para que cualquier suscriptor pueda obtener el contenido más reciente y recibir cada nueva publicación.

El *feed* de sindicación se distribuye como archivos digitales de formatos marcados como *.rss*, *.atom* o *.xml*. Un fichero con una de estas extensiones constituye una especie de mapa de coordenadas para obtener los contenidos, de forma que el RSS no alberga dentro de sí los contenidos, pero sí permite guiar el software de lectura o "agregador" de RSS. Así se puede llegar a múltiples audiencias en el mundo sin hacer que visiten el sitio web del productor de contenidos. Es una especie de entrega a domicilio.

Con esto se consigue que un cambio en el archivo original de texto, fotos y audio (o video), en su sitio de alojamiento, aparezca reflejado automáticamente en todos los agregados que reciban las coordenadas en RSS. Un nuevo episodio pódcast, o la modificación de uno antiguo, llegará a cualquier suscriptor sin importar el sistema de lectura y reproducción que esté usando.

Publicas un audio, y ése mismo puede ser reproducido en Apple Podcasts y en YouTube Music o Spotify, aunque esas compañías compitan entre sí. No necesitas enviarlo a los 3 servicios ni desmontarlo de cada plataforma para modificarlo; basta con hacer un cambio en el archivo original, y todos los lectores reproducirán esa información centralizada y transversal en los diferentes medios de distribución.

Cada elemento contenido como publicación unitaria hecha en una fecha y hora específicas, dentro de un archivo RSS se llamará **ítem**. Cada ítem contiene un título, un texto de resumen y un enlace o URL a la página web de origen o que contiene el texto completo y los archivos de medios "encapsulados" como MP3.

El archivo RSS, como lista de instrucciones para llegar a un contenido, se modifica cuando hay actualizaciones en los contenidos del sitio web. El "mapa" puede cambiar sin necesidad de quitárselo a quienes ya lo tienen en uso.

Cómo se usa RSS en *podcasting*

Su uso es tan fácil como copiar y pegar un texto en la página PodcastsConnect.apple.com, o la de Spotify, y añadir o cambiar allí las direcciones cuando quieras. También el *feed* permite llevar los contenidos de un pódcast a todos los otros directorios.

Al comienzo parecía más difícil, porque algunos *podcasters* avanzados y con años de experiencia necesitaron escribir ellos mismos su *feed* RSS directamente como un archivo XLM. Desde hace un largo tiempo no es necesario, porque los servicios de *hosting* y alojamiento de audio en portales y comunidades suelen darnos también el *feed* como un servicio adicional con mucha eficiencia.

Una dificultad extra surgía cuando el principal directorio de registro y distribución de pódcast, iTunes, no permitía modificar una dirección RSS después de aceptarla por primera vez. Cualquier cambio debía ser notificado a iTunes con líneas de código de redireccionamiento que había que escribir dentro de los *feeds* RSS.

Muchos que no contábamos con las habilidades o la previsión necesaria perdimos el control de nuestros pódcast al querer cambiar de proveedor de *hosting*. Pero, por fortuna, eso ha cambiado.

La primera solución fue la mediación de gestores de *feed* RSS. Se usan como puente modificable, que permite cambios de origen y clasificación, recibiendo un RSS de entrada y entregando otro de salida que refleja los cambios que pidamos.

Gestores de generación y administración de *feeds* RSS.

Algunos de estos servicios son:

FeedBurner.com servicio gratuito proveído por Google sin límites de *feeds* procesados y con estadísticas.

PowerPress *plugin* para usar en sitios con WordPress. Es gratuito, pero acepta donaciones. Es un producto de la compañía de alojamiento de pódcast Blubrry.

feedity.com con precios desde 72 dólares al año y límites de 20 *feeds*; con actualizaciones sólo cada 6 horas y límite también de artículos por *feed*.

RapidFeeds.com con precios desde 3 dólares al mes para editar 3 *feeds* simultáneos. Más *feeds* son posibles con cuentas de mayor costo.

Feed.Press, con servicio de estadísticas por 4 dólares al mes o estadísticas y alojamiento por 8 dólares al mes.

FeedStats como *plugin* gratuito de código abierto para usar en sitios con WordPress.

Este tipo de administradores del *feed* que lleva contenidos vía RSS sigue siendo útil pero no indispensable, ya que las compañías de *hosting* especializado en pódcast suelen entregar un buen *feed* RSS y permitir actualizaciones con mejor adaptabilidad a los requisitos de los directorios.

Por ejemplo, Apple Podcasts impuso cambios en 2017 a los datos esperados de un *feed*, añadiendo etiquetas para establecer para cada pódcast la posibilidad de reportar a qué temporada pertenece un episodio, o diferenciar entre episodios completos y tráileres promocionales de futuros episodios. Ese tipo de etiquetas son incorporadas más rápida y eficientemente por un sitio de *hosting* de pódcast que por uno gestor de *feeds*.

Versiones de *feed* RSS

Es un formato que durante muchos años se ha mantenido sin cambio y sigue vigente.

El RSS y Atom, su competidor para suscripciones a blogs, son formatos XLM —Extensible Markup Language—, un metalenguaje para establecer comunicación e intercambio de datos entre aplicaciones. Posibilita la compatibilidad entre sistemas diferentes para compartir información en forma segura y fácil.

Ésa es su gran fuerza: la simplicidad que permite llevar contenidos como blogs y pódcast sin importar las diferencias entre aplicativos y sistemas operativos de la fuente y del receptor, pasando sobre barreras de compatibilidad.

Según el Berkman Center de Harvard, la historia del RSS comenzó con el formato *scriptingNews*, creado por Dave Winer, quien fundó la compañía UserLand el 27 de diciembre de 1997. Le siguió el RSS 0.90, diseñado por Netscape para su uso con my.netscape.com, que también admitía el formato *scriptingNews* y que fue implementado en marzo de 1999. En junio de ese mismo año, vino la nueva versión de *scriptingNews* 2.0b1 mejorada por UserLand para incluir todas las funciones del RSS 0.90.

Netscape publicó el RSS 0.91 con especificaciones escritas por Dan Libby, con lo cual respondió al reto de incluir la mayoría de las características de *scriptingNews* 2.0b1 el 10 de julio de 1999. UserLand decidió ceder y adoptar esa versión de RSS 0.91. Poco tiempo después, el equipo de RSS en Netscape fue desintegrado. UserLand continuó el trabajo y publicó la actualización RSS 0.91 en junio de 2000.

RSS 1.0 apareció como una propuesta de un grupo dirigido por Rael Dornfest, de la compañía O'Reilly Media, en agosto de 2000, y UserLand respondió con el RSS 0.92 en diciembre de 2000.

En marzo de 2002, apareció la API para blogs MetaWeblog; y luego Dave Winer, después de haber dejado la compañía User, presentó el formato RSS 2.0, que es 0.92 con elementos opcionales. La API MetaWeblog fue actualizada a RSS 2.0 en septiembre de 2002.

Y finalmente, el estándar RSS 2.0 fue lanzado a través de Harvard bajo una licencia de Creative Commons el 15 de julio de 2003 y aún es el protocolo de redistribución de contenido aceptado.

Alojamiento

Donde tu pódcast vive.

Si vemos el *podcasting* como una práctica comunicativa ligada al desarrollo de Apple Podcasts en iTunes como proveedor de contenido, encontraremos que Apple no ha albergado audios o videos pódcast, sino que ha usado la tecnología de sindicación RSS para llegar hasta donde éstos estén alojados individualmente. Los pódcast son vinculados redireccionando el tráfico de datos hasta su ubicación original en servidores de alojamiento contratados directamente por los *podcasters* en cualquier compañía de *hosting* de internet, igual que se alojan todos los archivos de una página web. O en su propio servidor, si lo tuviera.

Pronto aparecieron alojamientos web dedicados específicamente a video con su servicio propio de reproducción, como YouTube, Vimeo y Dailymotion. Recientemente, Facebook se ha convertido también en un jugador importante en la redifusión de contenidos de video.

El servicio especializado en audio ha sido ofrecido por compañías que brindan el espacio de almacenamiento y proveen un *feed* RSS para enviar los audios a Apple Podcasts o cualquier otro directorio o aplicación que administre suscripciones.

Con el auge de las redes sociales estos servicios tienden a convertirse también en comunidades de usuarios que crean, recomiendan y comparten contenidos de audio para aumentar el alcance social de cada publicación.

A continuación, se muestra una lista de las principales plataformas en que se publican pódcast de audio. Antes de la descripción de cada una, se relacionan los servicios y beneficios que ofrece a los *podcasters*.

Libsyn:

1. Alojamiento pago
2. Recaudo de dinero para el *podcaster*: Monetización (en Estados Unidos)
3. Planes medidos en datos
4. Un solo *Feed* RSS por cuenta
5. Reproductor web personalizable
6. Herramienta de publicación en línea, que envía a WordPress, Blogger y otros sitios
7. Sitio web personalizado dentro de su plataforma
8. Audio pódcast y video pódcast
9. Conexión con redes sociales
10. Integración con YouTube
11. Estadísticas de escuchas (según el plan de pago)
12. Acceso FTP a los archivos
13. Añade etiquetas ID a los archivos MP3
14. Programación de publicación en fechas futuras
15. Programación de eliminación de publicaciones en fechas futuras
16. Es *partner* oficial de Apple Podcasts autorizado a integrar publicidad

Quizás éste sea el servicio de *hosting* especializado en pódcast más usado desde 2004; su nombre es la contracción de *Liberated Syndication*, o "redifusión liberada", a propósito de la tecnología de distribución atemporal RSS de contenidos. Aloja más de 25.000 series pódcast, que se descargan más de 44 millones de veces al mes, es una compañía que tiene mucha experiencia para asegurar el manejo eficiente de los contenidos.

Aloja y administra pódcast de audio y de video; ofrece un sitio web dedicado a cada serie; entrega un *feed* RSS funcional que puede llevar los contenidos hacia Apple Podcasts o cualquier otro directorio; en sus servicios incluye reproductor web, directorio interno de series disponibles en su plataforma, convenios corporativos con Apple Podcasts, Spotify y otras compañías; y por un costo extra pone tu pódcast en un programa de comercialización, para que puedas obtener dinero con publicidad; tiene además un segundo programa publicitario en el que algunos creadores de contenido pueden postularse —o ser convocados— para que Libsyn considere mostrar anuncios comerciales en sus audios o videos. Y un paso más allá, ofrece planes corporativos LibsynPro para clientes de compañías productoras que tienen necesidades más exigentes.

Planes de alojamiento:

Plan $5/mes:

3 horas de grabación.

162 MB de almacenamiento mensual.

Estadísticas básicas.

Grabación incorporada.

Sitio web sin publicidad.

Reproductor personalizado.

Plan $15/mes:

6 horas de grabación.

324 MB de almacenamiento mensual.

Estadísticas básicas.

Grabación incorporada.

Sitio web sin publicidad.

Reproductor personalizado.

Plan $20/mes:

10 horas de grabación.

540 MB de almacenamiento mensual.

Estadísticas avanzadas.

Grabación remota con Libsyn Connect.

Sitio web sin publicidad.

Reproductor personalizado.

Plan $40/mes:

14 horas de grabación.

800 MB de almacenamiento mensual.

Características similares al plan de $20/mes.

Plan $75/mes:

27 horas de grabación.

1500 MB de almacenamiento mensual.

Características similares al plan de $20/mes.

Plan $150/mes:

55 horas de grabación.

3000 MB de almacenamiento mensual.

Características similares al plan de $20/mes.

Todos los planes incluyen distribución a aplicaciones populares, acceso a monetización, cargas FTP gratuitas, publicación rápida y reproductores de audio y video.

YouTube:

1. Alojamiento gratis (ilimitado)
2. Monetización por inserción dinámica de publicidad
3. No pemrite *feeds* RSS
4. Reproductor web
5. Video Pódcast y conversión a Audio en la app YouTube Music
6. App en móviles
7. *Streaming* en directo
8. Chat en directo con el público
9. Capítulos dentro de su reproductor web

10. Conexión con redes sociales
11. Integración con YouTube Music
12. Estadísticas de visualización
13. Modificación solo de texto en los episodios previamente publicados
14. Programación de publicación en fechas futuras
15. Paga la monetización a cualquier país del mundo

YouTube ofrece a los podcasters una plataforma robusta y ampliamente accesible para llegar a audiencias globales con video. Se requiere un paso adicional para convertir el audio en video, pero el potencial de crecimiento y monetización puede hacer que valga la pena el esfuerzo.

Desde 2023 además YouTube permite crear listas llamadas "pódcast" que replican el audio de los videos en la aplicación YouTube Music, compartiendo las mismas condiciones de monetización.

No permite uso de RSS de salida de la plataforma, por lo que toda la operación de carga y descarga debe hacerse solo en las propiedades de YouTube, lo que implica que no permite multidistribución con otros servicios.

Características Principales de YouTube para Pódcast:

- **Publicación de video + audio**: Aunque es una plataforma de video, muchos podcasters utilizan imágenes estáticas o animaciones sencillas para convertir sus audios en formatos de video y así poder compartirlos en YouTube.

- **Streaming en vivo**: YouTube Live ofrece la posibilidad de realizar emisiones en tiempo real, permitiendo a los podcasters interactuar con su audiencia de manera directa y luego guardar la grabación para visualizaciones posteriores.

- **YouTube Studio**: Esta herramienta es el centro de gestión de contenido de YouTube. Desde aquí, puedes subir tus episodios, gestionar tu canal, analizar estadísticas y más.

- **Listas de reproducción — Pódcast**: Puedes organizar tus episodios en diferentes listas de reproducción según la temática, temporada o cualquier otro criterio, facilitando la navegación para tus oyentes. Una o varias de esas listas se pueden activar como pódcast, añadiéndoles una portada tradicional de pódcast, un título y una descripción. Al hacerlo, YouTube permitirá que esa lista catalogada como pódcast esté disponible también en la app YouTube Music.

- **Monetización**: Si tu canal cumple con ciertos requisitos de visualizaciones y suscriptores, puedes ser parte del Programa de socios de YouTube (YPP) y ganar dinero a través de anuncios. Además, existe la opción de habilitar membresías para tu canal o usar Super Chats durante tus transmisiones en vivo para obtener ingresos adicionales.

Novedades para 2025:

- **Integración de Pódcast en YouTube Music**: YouTube ha mejorado la integración de los pódcast en YouTube Music, permitiendo a los usuarios acceder a contenido de audio de manera más intuitiva y personalizada.

- **Mejoras en las Herramientas de Monetización**: Se han implementado nuevas opciones para que los creadores moneticen su contenido, incluyendo suscripciones exclusivas y colaboraciones patrocinadas directamente a través de la plataforma.

- **Análisis Avanzados**: YouTube ha introducido métricas más detalladas que permiten a los creadores entender mejor el comportamiento de su audiencia, facilitando la optimización del contenido.

- **Opciones de Interacción en Vivo**: Se han añadido nuevas funcionalidades para enriquecer la interacción durante las transmisiones en vivo, como encuestas en tiempo real y opciones de monetización instantánea.

- **Soporte para Contenido en Formato Corto**: Con la popularidad de los videos cortos, YouTube ha integrado herramientas que permiten a los creadores producir y monetizar clips breves relacionados con su pódcast.

Spotify For Creators

1. Alojamiento gratuito
2. Video y audio
3. Un solo *feed* RSS por cuenta
4. Envía los pódcast directamente a Spotify.
5. Transcripción del audio a texto en video
6. Monetización por inserción dinámica de menciones publicitarias
7. Paga la monetización vía Stripe (sólo en Estados Unidos)
8. Integración con WordPress
9. Audio pódcast y video pódcast
10. Integración con Patreon como proveedor de pódcast seguros sólo para mecenas

Spotify for Creators es una plataforma que permite a los creadores de contenido producir y compartir pódcast con una audiencia global. Anteriormente conocida como Anchor, luego como Spotify for Podcasters, ha evolucionado para ofrecer herramientas más robustas y funcionalidades mejoradas.

Grabación y Publicación de Contenido

- **Grabación y Edición**: Aunque anteriormente se podían grabar audios cortos directamente desde la aplicación móvil, Spotify ha descontinuado sus herramientas nativas de grabación y edición. Ahora, se ha integrado con **Riverside**, una plataforma que ofrece herramientas avanzadas impulsadas por inteligencia artificial para la grabación y edición de pódcast. Esta integración permite a los creadores producir contenido de alta calidad directamente desde la interfaz web de Spotify for Podcasters.

- **Publicación de Episodios**: Los audios se pueden organizar y publicar en modo "Episodio", convirtiéndolos en pódcast que serán distribuidos a plataformas como Apple Podcasts, Spotify y otros servicios. Desde la página web de Spotify for Podcasters, también es posible subir audios provenientes de diferentes fuentes, no limitándose a las grabaciones realizadas con el micrófono del teléfono.

Colaboración y Copresentadores

Anteriormente, la función "Record with Friends" permitía invitar a copresentadores desde diferentes ubicaciones para participar en un mismo pódcast. Sin embargo, esta función ha sido descontinuada en favor de la integración con Riverside, que ofrece una experiencia más robusta para la grabación remota con múltiples participantes.

- **Opciones de Monetización**: Hasta 2023, la función de monetización estaba disponible solo para productores de contenido en Estados Unidos, gestionada a través de cuentas Stripe. A partir de 2025, Spotify ha lanzado el **Spotify Partner Program**, ampliando las opciones de monetización a más países, incluyendo Reino Unido, Australia y Canadá. Este programa permite a los creadores generar ingresos a través de anuncios en pódcast de audio y, próximamente, por la reproducción de videopódcast por parte de usuarios Premium.

- Spotify for Creators ofrece diversas opciones de monetización para los creadores de pódcast, integrándose con plataformas de pago para facilitar la gestión de ingresos. Una de las principales herramientas es **Spotify Open Access**, que permite a los creadores ofrecer y administrar suscripciones a través de plataformas de membresía asociadas, como **Patreon** o **Supporting Cast**. Esta integración facilita que los suscriptores accedan al contenido exclusivo de tu pódcast directamente en Spotify, centralizando la experiencia de escucha.

Además, para gestionar los pagos derivados de las suscripciones y otras fuentes de ingresos, Spotify se integra con **Stripe**, una plataforma de procesamiento de pagos en línea. Al conectar tu cuenta de Spotify for Creators con Stripe, puedes retirar tus ganancias de manera eficiente y acceder a las funciones de monetización disponibles.

Es importante destacar que la disponibilidad de estas opciones de monetización depende de tu ubicación, el tamaño de tu audiencia y dónde se aloja tu programa. Por ello, se recomienda revisar los requisitos específicos para cada herramienta y asegurarse de cumplir con los criterios establecidos para aprovechar al máximo las oportunidades de monetización que ofrece Spotify.

Music + Talk: Pódcast con canciones de Spotify

- **Descontinuación de Music + Talk**: La función "Music + Talk", que permitía crear pódcast combinando contenido hablado con canciones del catálogo de Spotify, ha sido descontinuada en junio de 2024. Esta decisión forma parte de la estrategia de Spotify para optimizar sus recursos y enfocarse en herramientas que mejor se adapten a las necesidades actuales de los creadores.

Nuevas funcionalidades en Spotify

- **Comentarios en Pódcast**: Spotify ha introducido la función de comentarios en los pódcast, permitiendo a los oyentes interactuar directamente con los creadores. Esta característica está disponible a través de la aplicación web y la renovada aplicación móvil de Spotify for Podcasters, facilitando una comunicación más fluida entre creadores y audiencia.

- **Integración de Videopódcast**: Spotify ha integrado la opción de subir pódcast en formato de video, permitiendo a los creadores ofrecer contenido audiovisual a su audiencia. Esta funcionalidad busca adaptarse a las tendencias actuales de consumo de contenido, donde el formato video está ganando mayor relevancia.

Spreaker:

1. Alojamiento pago
2. Alojamiento gratis ilimitado (para 1 solo pódcast por cuenta)
3. Planes de pago para múltiples pódcast
4. Monetización por inserción dinámica de publicidad
5. Múltiples *feeds* RSS con una misma cuenta
6. Reproductor web personalizable
7. Sitio web personalizado dentro de su plataforma
8. Audio Podcasts
9. App de grabación y mezcla en móviles
10. App de grabación y mezcla en ordenadores
11. *Streaming* en directo
12. Chat en directo con los oyentes
13. Capítulos con múltiples fotografías en su reproductor web
14. Conexión con redes sociales
15. Integración con YouTube
16. Integración con SoundCloud
17. Estadísticas de escuchas (según el plan de pago)
18. Modificación ilimitada de los episodios previamente publicados
19. Programación de publicación en fechas futuras
20. Es *partner* oficial de Apple Podcasts autorizado a integrar publicidad
21. Paga la monetización vía PayPal a cualquier país del mundo

Funciona como red social para subir audio; reproducción en línea; emisión de *streaming* en directo y conversión a pódcast una vez que termina la emisión.

Además, ofrece la herramienta de producción Spreaker Studio, disponible para computadoras de escritorio y para teléfonos y tabletas Apple y Android. Con esta aplicación, Spreaker pone en las mesas de trabajo y en los bolsillos de sus usuarios una consola de grabación y emisión completa, con mezclador de diferentes fuentes de audio.

Permite crear diferentes "shows" o series pódcast con una misma cuenta de usuario e importar audios vía RSS de otros sitios y a la vez distribuirlos en directorios. En Spreaker, con una sola cuenta se pueden publicar y distribuir varios programas o series diferentes sin número límite.

Spreaker es el servicio que más aconsejo para producir y alojar pódcast. Spreaker pertenece a la compañía iHeart Media (antes Clear Channel).

Las cuentas de Spreaker se pueden integrar con YouTube, generando automáticamente un video en el que la imagen será una foto fija que incluya la portada del episodio pódcast y el título en letras.

Desde 2017, hay disponible un programa de monetización para obtener ingresos por publicidad que suelen compartirse entre la plataforma y los *podcasters* generadores de contenidos.

Planes disponibles:

Free Speech (GRATIS):
> Gana dinero con publicidad.
> Episodios ilimitados.
> Distribución en iHeartRadio, Spotify, Apple Podcasts.
> RSS Feeds personalizables.
> Sin necesidad de tarjeta de crédito.
> Un pódcast.
> Estadísticas de 6 meses.

Broadcaster ($20/MES):

Todas las características del plan Free Speech.
Podcasts privados mejorados.
Suscripciones Apple Podcasts.
Soporte en la aplicación.
Estadísticas avanzadas.
Pódcasts ilimitados.
Estadísticas de 12 meses.

Anchorman ($50/MES):
Todas las características del plan Broadcaster.
Personalización de colores del reproductor.
Funcionalidad de colaboración.
Colaboradores ilimitados.

Publisher ($250/MES):
Todas las características del plan Anchorman.
Atención al cliente prioritaria.
Gestión de campañas publicitarias.
Vende y gestiona directamente tus propios anuncios.
Estadísticas de 24 meses.

iVoox:

1. Alojamiento gratuito (audio MP3 monofónico a 64 kbps, 2 horas por episodio; inserta publicidad cobrada por la plataforma, pero no por el *podcaster*)
2. Alojamiento pago
3. Alojamiento ilimitado (audio MP3 monofónico a 64 kbps)
4. Recaudo de dinero para el *podcaster*: Monetización (en España)
5. *Feed* RSS (límite de 20 episodios en cuenta gratuita)
6. Múltiples *feeds* RSS en una misma cuenta
7. Reproductor web
8. Conexión con redes sociales
9. Estadísticas de escuchas
10. Modificación ilimitada de los episodios previamente publicados
11. Programación de publicación en fechas futuras
12. Es *partner* oficial de Apple Podcasts

Es un servicio español que ha impulsado durante años la creación y difusión de contenidos de audio: permite a cualquier persona crear una cuenta y subir contenidos para compartirlos gratuitamente.

iVoox permite oír audios, descargarlos, subirlos, compartirlos en redes sociales, y ofrece un reproductor propio con varias versiones para insertar en páginas web. Tiene disponible una aplicación para móviles Android, iOS y Windows.

En el plan gratuito cada audio es monofónico y codificado en MP3 a 64 kbps, sonido aceptable para programas hablados sin música; tiene un límite de 2 horas de duración. La plataforma se reserva el derecho de incluir publicidad al comienzo del audio y *banners* en la web y en la aplicación móvil.

Gracias a esa publicidad, iVoox ofrece el *hosting* y la redifusión sin costo a quienes eligen un plan gratuito, aunque también hay suscripciones de pago para los oyentes, de modo que puedan recibir los contenidos sin publicidad, y suscripciones de pago para los creadores que quieran obtener mayor visibilidad dentro de la plataforma.

Por otra parte, en el plan de publicación pagada de **6,99 dólares** al mes se permite audio en MP3 en estéreo a 128 kbps: mejor sonido y sin límite de duración por episodio.

Los creadores también pueden optar por distribuir en iVoox sus contenidos alojados en otros servicios, al suministrar una dirección RSS en el momento de dar de alta su canal en iVoox. En ese caso, la plataforma toma los archivos automáticamente de su ubicación original y los pone a disposición en la web.

También es posible obtener estadísticas de la redifusión de los contenidos en iVoox.

Blubrry:

1. Alojamiento pago
2. Recaudo de dinero para el *podcaster*: Monetización (en Estados Unidos)
3. Planes medidos en datos
4. *Feed* RSS
5. *Plug-in* PowerPress para publicar en blogs y páginas que usen WordPress
6. Reproductor web personalizable
7. Sitio web WordPress personalizado vinculado a su plataforma (1 nivel gratis y 2 de pago)
8. Audio Podcasts y Video Podcasts
9. Generador de video del audio
10. Conexión con redes sociales
11. Estadísticas de escuchas (para todos sus planes de pago)
12. Integración con sistemas de televisión inteligente (en Estados Unidos)
13. Acceso FTP a los archivos (sólo en el plan más caro)
14. Añade etiquetas ID a los archivos MP3
15. Modificación con límites de los episodios previamente publicados
16. Es *partner* oficial de Apple Podcasts autorizado a integrar publicidad

Es uno de los primeros servicios destacados de hosting de audio para pódcast desde 2005. Ofrece planes de almacenamiento desde 100 MB por 12 dólares al mes, hasta almacenamiento ilimitado por 100 dólares más 10 por cada show extra. A pesar de estos límites, Blubrry brinda un 25% de cupo adicional sin penalidades económicas.

Su mayor ventaja radica en servicios extra como la óptima integración con blogs WordPress mediante su plug-in gratuito PowerPress y la subida de archivos vía FTP. Proporciona un reproductor insertable y estadísticas detalladas de escuchas y descargas.

Desde 2017, permite generar un video con los primeros 2 minutos de un episodio para promoción en Twitter, YouTube y Facebook.

Tiene una ventaja en EE.UU. por su integración exclusiva con sistemas operativos de Roku TV Box, Boxee TV Box, GoogleTV, LookeeTV y Samsung SmartTV.

Ofrece contenido extra para suscriptores de pago mediante PowerPress en un sitio WordPress protegido por contraseña. Los podcasters también pueden postular al programa de venta de publicidad en sus episodios para monetizar.

AudioBoom:

1. Alojamiento pago
2. Alojamiento gratuito por convenio comercial
3. Monetización por inserción dinámica de publicidad
4. Múltiples *feeds* RSS en una misma cuenta (como Playlists)
5. Múltiples administradores del pódcast
6. Reproductor web personalizable
7. Sitio web personalizado dentro de su plataforma
8. Conexión con redes sociales
9. Estadísticas de escuchas
10. Modificación ilimitada de los episodios previamente publicados
11. Edición no destructiva de audios en línea
12. Descripciones con texto enriquecido
13. Programación de publicación en fechas futuras
14. Añade etiquetas ID a los archivos MP3
15. Es *partner* oficial de Apple Podcasts autorizado a integrar publicidad
16. Debes tener más de 18 años para subir contenido
17. Se reservan el derecho de desactivar tu pódcast y tu *feed* después de 36 meses en los que no presente ninguna actividad

Ofrece una cuenta de pago por **9,99 dólares** al mes

Fundada por Mark Rock en 2009, esta plataforma británica comenzó como una app para grabar y compartir fragmentos de audio desde el teléfono, similar a una versión sonora de los tweets de Twitter. Se convirtió en una red social sonora con contenidos generados por los usuarios, cada audio acompañado de una imagen y ubicación en Google Maps. Recibió apoyo de la BBC, The Guardian y The Washington Post. Evolucionó para generar feeds RSS para redifusión de audios como pódcast, manteniendo la función de grabar audios directamente y añadir etiquetas geográficas de Google Maps. Ofrece edición no destructiva, permitiendo ajustar el tiempo de los audios mientras conserva la versión original en el servidor. Aunque AudioBoom se basa en publicidad, su sitio está libre de *banners* o *pop-ups*, y solo muestra anuncios *pre-roll* en audio o video. Promete pagar a los *podcasters* tras acumular 150 dólares en publicidad, con una condición de 1000 descargas mensuales para añadir publicidad. También proporciona la herramienta LYRICAL para vender y programar anuncios leídos por el *podcaster*

Acast:

1. Un plan gratuito y dos de pago
2. Plan con alojamiento gratuito y generación de ingresos por publicidad para quien sea elegido por la plataforma
3. Plan sin alojamiento; sólo inclusión en su catálogo para ser escuchado en su app
4. Recaudo de dinero para el *podcaster*: Monetización con publicidad y contenido por el que la audiencia pague
5. Control de la ubicación de la publicidad que se añada dentro de los episodios
6. *Feed* RSS
7. Reproductor web con integración a redes sociales
8. Herramientas de creación externas: acceso a la librería musical Epidemic Sound
9. Herramientas externas: licencia de 6 meses de uso de Hindenburg Journalist Pro

10. Integración con Patreon como proveedor de pódcast seguros sólo para mecenas
11. App de escucha en iOS y en Android
12. Permite programar la publicación de episodios en fechas futuras
13. Audio Podcasts
14. Conexión con redes sociales
15. Estadísticas de escuchas

Acast es una empresa sueca comercializadora de contenido por suscripciones pagas y con publicidades dinámicas. Puede orientar los anuncios que se oyen según la ubicación geográfica del oyente, la hora en que éste oye y los datos personales que tenga en cualquier dispositivo de escucha. Esa tecnología se llama TDAI – True Dynamic Ad Insertion.

Fundada por Måns Ulvestam y Karl Rosander, la compañía funciona desde abril de 2014. Tienen oficinas también en Nueva York y en México.

Sus planes actuales comienzan con una cuenta gratuita llamada *Starter,* una cuenta *Influencer* de **14,99 dólares** y una *Ace* de **29,99 dólares** al mes.

Desde 2016, Acast ofrece contenido libre de publicidad con una cuenta prémium "Acast+", y contenido exclusivo de pago con el sistema *paywall*, que da a los *podcasters* la posibilidad de publicar episodios que el oyente sólo puede oír si paga.

Acast+ permite a los creadores de pódcast vender contenido directamente a sus audiencias estableciendo su propio precio —que se reparte entre el creador del contenido y Acast—.

Para el oyente, puede costar entre **2,99** y **6,99 dólares** por mes; pero también se cuenta con la opción de comprar "pases" individuales para acceder a un contenido por una única vez.

En el convenio entre Acast y Patreon se puede conectar para distribuir pódcast allí tras el muro de pago.

Entre las ventajas que Acast ofrece para sus creadores de contenido elegidos y vinculados a su plan de producción y alojados dentro de su plataforma, está la disponibilidad del catálogo de la librería musical de la empresa Epidemic Sound. Es la misma que en Spreaker tiene un precio bajo, pero en Acast no se cobra. Así, la compañía se evita posibles costos por demandas de derechos de autor relacionadas con el uso de músicas comerciales.

También ofrece un convenio por el que sus *podcasters* obtienen 6 meses de uso gratis del software de edición Hindenburg Journalist Pro.

En abril de 2019, adquirió la plataforma Pippa.io e incorporó sus funciones. En ese mismo año, creó el modelo Acast Open, en el que cualquier pódcast en la plataforma puede ingresar a **Acast Marketplace** y generar ingresos a partir de impresiones o reproducciones de anuncios publicitarios.

Megaphone:

1. Alojamiento de pago sin límites
2. Monetización por inserción dinámica
3. *Feed* RSS
4. Descripciones con texto enriquecido
5. Estadísticas de escuchas

Es una plataforma para *publishers* o compañías dedicadas a la publicación de contenido. Es propiedad de Spotify. Ofrece segmentación demográfica y de comportamiento, basada en la ubicación de los oyentes, los intereses, el perfil demográfico y las conductas de compra.

Formó parte del grupo de medios Slate, y su servicio fue conocido anteriormente como Panoply Media.

Su servicio se ofrece por petición a dos tipos de clientes: Anunciantes y Publishers. No tienen tarifas públicas definidas, y el contacto para abrir una cuenta se hace por petición individual en su web; además, advierten que sólo está disponible para pódcast con más de 20.000 descargas por episodio.

Art19:

1. Alojamiento para *publishers*
2. Monetización por inserción dinámica
3. *Feed* RSS
4. Conexión directa con agencias
5. Creación de contenidos directamente para los anunciantes

Está enfocada en las agencias y los anunciantes de publicidad. Proporciona herramientas para el alojamiento, la distribución y la monetización de pódcast, brindando métricas de escucha mejoradas y tecnologías de publicación de anuncios para editores y anunciantes. Ofrece asesorías para la creación de programas y de publicidades, incluyendo pruebas de varias creatividades comparadas para identificar las de máximo rendimiento publicitario al obtener resultados de las campañas.

Fundada por el empresario de software Sean Carr y el productor de pódcast Matt Belknap con aportes de las principales agencias de publicidad, la plataforma resuelve problemas con la segmentación de anuncios, el reemplazo de anuncios y la medición limitada en el espacio. ART19 busca llegar directamente a las agencias y marcas para campañas de publicidad en pódcast.

Simplecast:

1. Alojamiento pago (14 días de prueba gratuita)
2. Un único plan ilimitado

3. *Feed* RSS
4. Reproductor web personalizable
5. Sitio web personalizado dentro de su plataforma
6. Audio Podcasts
7. Conexión con redes sociales
8. Múltiples usuarios administradores
9. Estadísticas de escuchas
10. Es *partner* oficial de Apple Podcasts autorizado a integrar publicidad

Sin duda, hace honor a su nombre: es publicación simple y fácil. Un solo precio, un solo plan ilimitado en almacenamiento y ancho de banda, un reproductor de audio personalizable para insertar en la web, estadísticas de audiencia, múltiples administradores y colaboradores, y sitio web con diseños minimalistas y simples, todo esto ofrecido por la plataforma para utilizar con el nombre de dominio del *podcaster*.

Ofrece un sistema patentado con el nombre *Recast®*, para que los oyentes de un pódcast puedan compartir fragmentos de éste en redes sociales.

Tiene tres planes disponibles: uno de **15 dólares** mensuales con un solo administrador de la cuenta; otro de **35 dólares** mensuales, para equipos de hasta 3 administradores; y otro de **85 dólares** al mes, para equipos de hasta 8 administradores.

OmnyStudio:

1. Alojamiento pago
2. Alojamiento ilimitado
3. Monetización por inserción dinámica de publicidad
4. **Múltiples *feeds* RSS** con una misma cuenta (según el plan de pago)
5. Múltiples administradores del pódcast
6. Reproductor web personalizable
7. Descripciones con **texto enriquecido**
8. Conexión con redes sociales
9. Estadísticas de escuchas

TodoSobrePodcast.com

10. Procesamiento avanzado de audio
11. **Rastreo de reseñas** *(reviews)*
12. Programación de publicación en fechas futuras
13. Es *partner* oficial de Apple Podcasts autorizado a integrar publicidad

Es una plataforma australiana, parte de Triton Digital, se centra en podcasters y servicios de podcasting para radios. Ofrece planes de pago variados solicitando una demo por escrito.

Los planes incluyen alojamiento de audio ilimitado, herramientas de publicación avanzadas, reproductor embebido, integración con redes sociales, estadísticas detalladas y opciones de monetización. Permiten crear listas de reproducción manuales o automáticas, exportar audio en formato de video con la imagen de la portada de cada episodio y programar publicaciones.

Ofrece dos servicios únicos: procesamiento avanzado de audio con automatización de niveles de volumen e inserción de introducciones y despedidas, y rastreo de reseñas de oyentes en iTunes globalmente.

Las estadísticas proporcionan información detallada sobre la retención de audiencia por episodio, revelando qué segmentos captaron más interés y cuánto tiempo escucharon los oyentes.

Además, está diseñado para estaciones de radio con un producto que captura emisiones al aire automáticamente, permitiendo archivarlas, editarlas, publicarlas como pódcast y analizarlas. Los precios inician en 99 dólares mensuales para una emisora, con planes escalables según las necesidades de clientes corporativos.

RSS.com:

1. Alojamiento pago

2. Alojamiento gratuito por 6 meses para quien se traslade a RSS.com
3. Múltiples pódcast bajo la misma cuenta
4. Monetización por inserción dinámica de publicidad
5. Múltiples *feeds* RSS con una misma cuenta
6. Reproductor web personalizable
7. Sitio web personalizado dentro de su plataforma
8. Audio Podcasts
9. Conexión con redes sociales
10. Integración "Audio-to-video"
11. Estadísticas de escuchas
12. Modificación ilimitada de los episodios previamente publicados
13. Programación de publicación en fechas futuras
14. Es *partner* oficial de Apple Podcasts autorizado a integrar publicidad

Establecida en 2005 por Alberto Betella en la Universidad Italiana de Bergamo, RSS.com comenzó como una plataforma llamada Podcast Generator (PG). Esta plataforma permitía a profesores compartir sus clases en formato de episodios de pódcast. El software, distribuido bajo licencia de código abierto, fue utilizado por cientos de organizaciones e instituciones en todo el mundo.

Después de más de 13 años desarrollando PG por su cuenta, Alberto decidió delegar el desarrollo a la comunidad de código abierto en 2019. Hasta diciembre de 2020, PG fue descargado más de un millón de veces.

En otra parte del mundo, Texas, Benjamin Richardson, después de adquirir el dominio RSS.com en 2013, buscaba cómo aprovecharlo. Con la creciente popularidad de los pódcast, Benjamin y Alberto unieron fuerzas en 2017 para convertir RSS.com en un servicio de alojamiento de pódcast. El 29 de enero de 2018, lanzaron la primera versión de RSS.com.

Características y servicios que ofrece RSS.com:

Dashboard todo en uno: Interfaz fácil de usar con capacidad de personalizar arte de episodios, compartir episodios en redes sociales, incrustarlos en sitios web externos y más.

Analíticas cross-platform: Proporciona información sobre descargas, localización de oyentes, dispositivos utilizados, aplicaciones usadas y posibilidad de exportar métricas a CSV/Excel.

Monetización: Botón de donaciones, búsqueda de patrocinadores a través de Podcorn y tecnología de inserción dinámica de anuncios.

Características avanzadas: Capacidad para añadir capítulos, clips de sonido, transcripciones automáticas y más.

Publicación en YouTube: Publica episodios en YouTube fácilmente con la tecnología PodViz.

Programación de episodios: Permite programar publicaciones para maximizar el compromiso de la audiencia.

Reproductor de episodios incrustado: Incrusta episodios en sitios web externos.

Compartir en redes sociales: Comparte episodios fácilmente en las redes más populares.

Distribución automática: Lista tu pódcast en directorios populares como Apple Podcasts, Spotify, Amazon Music, entre otros.

Sitio web gratuito para pódcast: Cada podcaster obtiene un sitio web optimizado y personalizable con características avanzadas.

Estos son los planes de pago:

Student & NGO:

Precio: Desde USD 4.99/mes

Dirigido a: Estudiantes, educadores, ONGs

Características destacadas: Episodios y audio ilimitados, sitio web para el podcast, soporte para suscripciones de Apple Podcasts.

All in One Podcasting:

Precio: USD 14.99/mes (o USD 11.99/mes anual)

Dirigido a: Podcasters nuevos e independientes, empresas

Características destacadas: Todas las características del plan anterior más monetización a través de patrocinadores y soporte al cliente 24/7.

Podcast Networks:

Precio: USD 19.99/mes (o USD 14.99/mes anual)

Dirigido a: Varias series de podcasts en una cuenta

Características destacadas: Todo lo incluido en los planes anteriores, pero permite podcasts ilimitados y ofrece monetización mediante inserción dinámica de anuncios para shows populares.

SoundCloud:

1. Alojamiento pago
2. Alojamiento gratuito (limitado)
3. Planes medidos en tiempo de audio
4. Un solo *feed* RSS por cuenta
5. Reproductor web personalizable
6. Conexión con redes sociales
7. Estadísticas de escuchas
8. Modificación ilimitada de los episodios previamente publicados
9. Es *partner* oficial de Apple Podcasts

Por mucho tiempo, SoundCloud fue la primera opción para publicar audio en internet, especialmente entre los DJ de música electrónica y músicos independientes. Su reproductor de audio web, incrustable en páginas y blogs y fácilmente compartible en redes sociales con total integración con WordPress, es su mayor ventaja. Permite a los oyentes añadir comentarios en puntos específicos de un pódcast o canción en su web.

Inicialmente, los audios en SoundCloud se reproducían directamente en los "muros" de Facebook, popularizando la plataforma cuando artistas compartían sus obras. Aunque no fue diseñada para alojar pódcast, posteriormente permitió obtener un feed RSS para reportar audios como pódcast en Apple Podcasts y directorios.

SoundCloud innovó al medir los planes de pago en minutos de duración en lugar de megas de datos, beneficiando las finanzas de los usuarios. Ofrece dos tipos de cuenta: una con límite de almacenamiento de 3 horas de audio y otra, por 12 dólares al mes, con almacenamiento ilimitado.

Acepta audios en múltiples formatos, incluyendo WAV, y permite descargas en este formato, una ventaja notable para compartir música. Además, ofrece un plan de distribución de discos o sencillos por 2,50 dólares extra al mes.

La popularidad de SoundCloud también trajo prácticas negativas, como la compra de followers para inflar artificialmente las reproducciones, con el objetivo de impresionar a sellos discográficos. En 2017, tras cerrar oficinas y reducir su personal en un 40%, hubo rumores de cierre total, pero luego obtuvo el capital necesario para seguir operando.

Kiwi6:

1. Alojamiento gratuito con límites
2. Límite de ancho de banda en descargas
3. *Feed* RSS
4. Descripciones con texto enriquecido
5. Estadísticas de escuchas

Permite el acceso público a los archivos en forma similar a la manera en que funcionan Google Drive, Dropbox y Box, pero se ha convertido en plataforma de *podcasting* al ofrecer un *feed* RSS.

Su servicio es gratuito pero limitado. Está especializado en audio y tiene una categoría específica para pódcast y otra para músicos. En su versión para pódcast habilita el RSS para suscriptores desde Kiwi6; además, puede importar audios por la misma vía desde otros servicios de *hosting*.

Para cuentas gratuitas impone un límite de 100 MB por cada archivo de audio; de 2GB como espacio máximo de alojamiento; y de 30 GB de ancho de banda mensual, por lo que, si un pódcast se vuelve popular, aunque sus archivos no ocupen el total del espacio disponible, pueden verse suspendidos a causa del ancho de banda utilizado en el mes.

Esos límites son más amplios en los niveles de pago, que cobran **8 dólares** en la categoría Silver, con hasta 100 GB mensuales de ancho de banda de transferencia en descargas y 60 GB de alojamiento; en la categoría Gold, de **15 dólares** mensuales por hasta 250 GB de ancho de banda al mes y 100 GB totales de almacenamiento; y en la categoría Platinum, de **59 dólares** al mes por un ancho de banda de hasta 1000 GB y almacenamiento máximo de 250 GB.

Las estadísticas están disponibles sólo para los planes de pago.

Podomatic:

1. Alojamiento pago
2. Alojamiento gratuito (limitado)
3. Planes medidos en datos con límite de ancho de banda
4. Recaudo de dinero para el *podcaster*: Monetización
5. Integración con **Patreon** para *crowdfunding*
6. *Feed* RSS
7. Reproductor web
8. Sitio web personalizado dentro de su plataforma y en asocio con Weebly
9. Audio Podcasts
10. Video Podcasts
11. Descripciones con texto enriquecido

12. Capítulos con múltiples fotografías
13. Conexión con redes sociales
14. Estadísticas de escuchas
15. Acceso FTP a los archivos
16. Programación de publicación en fechas futuras
17. Es *partner* oficial de Apple Podcasts

Desde 2005, Podomatic proporciona servicios de almacenamiento de audio y redifusión RSS para pódcast. Se presenta como una comunidad vinculada a ciudades globales, lo cual puede ser atractivo para declarar que tu pódcast pertenece a alguna de ellas.

Ofrece servicios integrales incluyendo alojamiento de contenidos, gestión de descripciones en texto de los episodios, fotografía de portada, etiquetas, personalización del feed RSS hacia Apple Podcasts o otros directorios, y creación de episodios enriquecidos con capítulos internos y fotografías cambiantes en el reproductor.

Puede resultar caro si tu pódcast crece y se populariza, ya que al exceder el límite mensual de ancho de banda, se te notificará para ampliar tu plan de pago.

La cuenta gratuita ofrece 15 GB de ancho de banda mensual y 500 MB de almacenamiento. El podcaster decide la calidad del audio, pudiendo optar por menor calidad para maximizar el almacenamiento o la mejor calidad posible a 320 kbps, aunque sea más caro.

Los planes de pago inician en 9,99 dólares por 100 GB de ancho de banda y 2 GB de almacenamiento, con descuentos si se pagan anualmente. También ofrecen incrementar la audiencia con publicidad, con una opción de almacenamiento ilimitado por 74,99 dólares mensuales.

Entre las ventajas están su sistema de estadísticas, diseño de una página web personalizada para cada pódcast, excelente calidad de sonido (según la elección del podcaster) e integración con sistemas de monetización como PayPal y Patreon.

En 2017, anunció una alianza con Weebly para ofrecer a los clientes del plan Broadcaster construcción de sitios web sin costo adicional, con más y mejores modelos prediseñados de diseño web.

Podcasts.com:

1. Alojamiento gratuito (limitado)

Parece estar sin administración o mantenimiento desde hace años. Ofrece *hosting* gratis sin límites de tiempo, de almacenamiento o de ancho de banda. Declara que la publicidad en su sitio web financiaría toda la operación de la plataforma. Es evidente que muchos de los pódcast que aloja están desactualizados.

Esta web se presenta como un directorio que toma los audios vía RSS; pero no inspira mucha confianza cuando se constata que no funcionan los enlaces que ofrece para "reclamar" un pódcast cuando el creador original desea tomar control de esta indexación. Algunos de sus enlaces de servicio apuntan a un centro de ayuda clausurado en Zendesk.

Sabiendo que esa indexación podría no ser autorizada por los *podcasters*, hay disponible en cada pódcast un enlace para solicitar el retiro de un pódcast del listado.

La app de *Podcasts.com* se llama "Podtastic" y aparece para iOS en la App Store como añadida en abril de 2014 por Chirag Patel; y jamás la ha actualizado.

La misma aplicación para Android fue publicada en marzo de 2014 por la compañía 99 Robots, cuyo CEO es Charlie Patel. Algunos enlaces apuntan a Emerge Media como compañía propietaria, pero en esa otra web no existe ninguna información sobre su plataforma de *Podcasts*.

Si decides probar suerte con *Podcasts.com* porque es gratis, debes tener en cuenta que ofrecerán un *feed* RSS sin posible redirección para trasladarse a otro sitio después, y los audios alojados allí no se pueden insertar en otro sitio web.

Mixcloud

1. Alojamiento gratis (limitado)
2. Audio Podcasts - DJ Sessions - Archivo de programas de radio
3. Reproductor web
4. No permite *feeds* RSS
5. No permite descargas
6. Sólo puede oírse en su web, su reproductor embebido o su App.

Fue fundada en 2008. El servicio de alojamiento y reproducción de audio está pensado primordialmente para sesiones de mezclas DJ, y es útil también para programas de radio que usan música comercial. La principal ventaja propuesta es la reproducción vía *streaming* de música legalmente con licencia, que promete regalías para los propietarios de los derechos de autor de las canciones y grabaciones musicales. Mixcloud pide a sus usuarios que escriban la lista completa de artistas y obras utilizadas en sus producciones, con datos del tiempo de inicio y de final para cada canción, para monetizar esos contenidos y para que los pagos de regalías por propiedad intelectual lleguen a las editoriales y las discográficas correspondientes.

También proporciona una API para que los usuarios puedan cargar e integrar su contenido. Es posible producir contenido desde otra plataforma y añadirlo vía RSS al catálogo de Mixcloud.

Pero no es posible obtener una salida RSS desde Mixcloud hacia ningún otro directorio o reproductor de pódcast; tampoco se pueden descargar en forma directa los contenidos de Mixcloud. Lo que esté publicado allí, podrá ser escuchado directamente allí.

Mixcloud es ideal para mostrar tu trabajo si eres DJ.

Mixlr

1. *Streaming* o transmisión exclusivamente en directo
2. No aloja audio
3. No permite *feeds* RSS
4. Reproductor web
5. No permite descargas
6. Sólo puede oírse en su web, su reproductor embebido o su App.

Esta plataforma de *streaming* de audio fue fundada en 2010 como una aplicación de escritorio, y en 2012 lanzó una aplicación iOS. Permite a los usuarios difundir sonido desde sus computadoras o dispositivos móviles.

El audio difundido sólo puede oírse en el instante en que es emitido, a la manera de la radio, pero en internet. No se puede oír más que lo que esté sonando en ese instante.

Mixlr no permite pódcast.

RedCircle

1. Alojamiento gratuito
2. Múltiples *feeds* RSS con la misma cuenta
3. Monetización por inserción dinámica de publicidad
4. Monetización por donaciones
5. Estadísticas de escuchas
6. Promoción cruzada
7. Episodios exclusivos
8. Reproductor web

Ofrece entrada en la plataforma sin costo, tanto para crear un nuevo pódcast como para mudarlo desde otro sitio. No hay documentación que aclare la forma en que se maneja la propiedad del contenido publicado allí, ni la vigencia o los límites del acuerdo ni las condiciones de distribución de los ingresos cuando los haya.

También ofrece monetización con anuncios publicitarios insertados, pero usa la misma tecnología para insertar mensajes programados por el creador del pódcast o audios promocionales de otros pódcast que se elijan y acepten mutuamente para participar en el programa de promoción cruzada.

Para usar la monetización es necesario declarar una cuenta de Stripe vinculada a una cuenta bancaria, y se entra a participar del programa de monetización al demostrar que se tienen suficientes descargas del pódcast.

RedCircle es reciente y nos deja claro cómo entrar, pero no cómo salir de la plataforma si un día queremos mudarnos a otro servicio.

Himalaya Studio

1.   Alojamiento gratuito
2.   Monetización por escuchas dentro de la app
3.   Reproductor web
4.   Un *feed* RSS
5.   Reproductor web
6.   Monetización por caja de propinas
7.   Comentarios de la comunidad

Himalaya es el 'servicio de escucha de pódcast' de la compañía privada china Ximalaya FM, fundada en 2012 por Yu Jianjun. Cuenta con más de 500 millones de usuarios y tiene una participación superior al 70% del mercado de audiolibros en China, además de 5 millones de creadores de contenido.

Para cubrir el mercado en otras partes del mundo, dicha compañía fundó Himalaya Media en San Francisco, California. Como Himalaya, tiene una app para escucha de pódcast que ofrece contenido original y a la vez contenido sindicado vía RSS.

En la web puede accederse a su servicio adicional Himalaya Studio, en el cual permite crear un pódcast y subir episodios sin pagar por ello, además de ganar ingresos vía PayPal.

Si decides subir tu pódcast a Himalaya, el sistema te pedirá elegir si quieres que éste sea importado reclamando un pódcast disponible vía RSS, o si deseas subir audios nuevos en forma directa a la plataforma. Actualmente, no permite la combinación de ambos métodos.

Castbox Creator Studio

1. Alojamiento gratuito
2. Monetización por escuchas dentro de la app
3. Reproductor web
4. Un *feed* RSS
5. Monetización por caja de propinas
6. Comentarios de la comunidad

Castbox es una app de escucha de pódcast creada en 2015 por Renee Wang y establecida en San Francisco, California, pero con la mayor parte de su equipo humano en China. Permite subir audios y crear canales pódcast de manera muy similar a como lo hace Himalaya, incluso con una sede también en San Francisco.

En Castbox Creator Studio se pueden subir audios o reclamar los pódcast que ya existan y que estén disponibles allí vía RSS, o darlos de alta si todavía no están indexados en su directorio.

Castbox propone un sistema basado en *blockchain* y llamado ContentBox, para descentralizar la industria de pódcast y permitir que contenidos de otra procedencia puedan oírse en esa aplicación tras un muro de pago. Por ejemplo, se ha probado con contenidos prémium de la productora Wondery.

TodoSobrePodcast.com

Además, explora los audios para "búsquedas profundas" de palabras clave mencionadas dentro de los episodios. Su promesa es permitir encontrar fácilmente contenido pódcast, crearlo o acceder a él.

Podnation

1. Alojamiento pago
2. Alojamiento gratuito (limitado)
3. Planes medidos en datos con límite de ancho de banda
4. *Feed* RSS
5. Reproductor web
6. Sitio web personalizado dentro de su plataforma
7. Configuración de dominio web
8. Plantillas prémium para la web
9. Estadísticas de escuchas
10. Episodios privados
11. Creación automática y personalizada de carátulas
12. Asesoría y apoyo en la creación de pódcast

Este servicio se enfoca en ofrecer *hosting*, personalización de un sitio web para pódcast con ilustraciones y plantillas, y herramientas de mercadeo.

Una de sus ofertas únicas en el mercado es el apoyo a los *podcasters* desde Podnation Studios, con un equipo calificado para ayudar a las personas en la creación, producción y postproducción de contenidos. El plan gratuito de Podnation incluye 2 pódcast de hasta 5000 descargas mensuales; y un plan de pago de **24 dólares** anuales, que resultaría en **2 dólares** si se calcula mensualmente. Bastante favorable para quienes quieren mantener los costos bajos.

Clubhouse

1. *Streaming* o transmisión exclusivamente en directo
2. No aloja audio

3. No permite *feeds* RSS
4. Sólo funciona en móviles Apple
5. No permite descargas

Clubhouse no permite crear pódcast ni distribuirlo. Es una red social de chat de audio, lanzada en 2020 por Alpha Exploration Co. Durante la pandemia global del COVID-19, ganó mucha popularidad.

Muchas personas han relacionado a Clubhouse con el *podcasting* dada la popularidad que le dio al contenido de audio entre los usuarios de iPhone e iPad en 2021 y luego a los usuarios de Android.

En Clubhouse se pueden hacer transmisiones de audio grupal en directo, de manera que varias personas pueden participar hablando y un mayor número de personas conectarse para escuchar en directo.

No autoriza la grabación y no permite pausas; su foco apunta a crear "clubes" temáticos de conversación en directo, que son exclusivos de la app. El ser exclusivos implica que sólo se puede acceder por invitación de una persona que ya esté activa en Clubhouse. Ninguno de sus contenidos puede oírse sin una cuenta activa ni fuera de la app.

Twitter Spaces

1. *Streaming* o transmisión exclusivamente en directo
2. Graba las trasnmisiones
3. No permite *feeds* RSS
4. Sólo funciona en móviles Apple
5. No permite descargas

Siguiendo la misma lógica de Clubhouse, Twitter ofrece los "Espacios" como salas de conversación exclusivamente en audio.

Quien desde su cuenta de Twitter cree un "espacio" será el anfitrión de la conversación pública a la que cualquier persona con una cuenta de esta red social podrá unirse como oyente. Una vez dentro, podrá pedir la palabra al anfitrión.

Esta función de Twitter también ofrece subtítulos en pantalla para que más personas puedan seguir las conversaciones.

El equipo programador de Twitter Spaces vendría de la adquisición, por parte de Twitter, de la plataforma de *podcasting* Breaker.Audio

Twitter Spaces permite grabación para que los usuarios de la plataforma que entren después de finalizada la emisión puedan escuchar en diferido. En ese momento, permite pausar, atrasar o adelantar, pero sólo dentro de la app de Twitter.

Stereo

1. *Streaming* o transmisión exclusivamente en directo
2. No aloja audio
3. No permite *feeds* RSS
4. Sólo funciona en móviles Apple
5. No permite descargas

Esta red social de audio permite crear transmisiones en directo con conversaciones entre dos usuarios que proponen un tema, mientras que los demás usuarios pueden escuchar esa conversación o acceder a cualquiera de las que estén ocurriendo en vivo en ese preciso momento.

Los usuarios que tienen la palabra pueden recibir mensajes de voz como interacción de los oyentes.

De la misma forma que Clubhouse, esta red social accede al número de teléfono del usuario, pero, a diferencia de aquélla pide que creemos un avatar con rostro y facciones. Y finalmente, contacta a otros usuarios.

Entre las acciones y reacciones sociales está la de saludar y enviar mensajes de voz de 3 segundos en adelante.

Como se ve, tanto Stereo como Twitter Spaces y Clubhouse están más en la categoría de redes sociales, que, aunque permitan contenidos de audio, no consienten la distribución de pódcast grabados, que no pueden oírse fuera de su app respectiva.

Podimo

1. Alojamiento gratuito pero exclusivo para Podimo
2. Ofrece monetización en 2 planes

Fundada en Dinamarca en 2019, esta plataforma recibió financiamiento por 6 millones de euros en ese año y 15 millones más en 2020. Funciona también en Alemania, en España y en Latinoamérica.

Está fundamentada en un modelo de doble oferta, de pódcast abiertos vía RSS alojados tanto dentro como fuera de ella, como primera opción; y una segunda con pódcast exclusivos que no se pueden escuchar fuera de ella. A esos pódcast sólo se puede llegar con una cuenta de pago, lo que permite que Podimo genere ingresos para compartir con los productores del contenido.

Para quien ya publique un pódcast desde otro *hosting* y cuyo RSS esté disponible en Podimo, el paso será identificar su contenido y reclamarlo. O podrá subir un nuevo canal directamente a Podimo. También hay una opción mixta, en la que se puede tener un pódcast abierto y añadirle episodios exclusivos en la plataforma.

De este modo, los pódcast que estén disponibles sólo en Podimo, subidos a su alojamiento, recibirán el 50% de los ingresos proporcionales asignados por el sistema de medición de acuerdo con el número de los usuarios prémium que los hayan escuchado.

Y para los pódcast no exclusivos, Podimo paga el 20% de los ingresos obtenidos de usuarios prémium que los hayan escuchado.

Podbean

1. Alojamiento pago
2. Monetización (en Estados Unidos)
3. Planes medidos en datos con límite de ancho de banda
4. Múltiples *feeds* RSS con una misma cuenta (hasta 3 diferentes)
5. Reproductor web
6. Audio Podcasts
7. Video Podcasts
8. Conexión con redes sociales
9. Estadísticas de escuchas
10. Programación de publicación en fechas futuras

Ofrece planes con prueba gratuita para almacenamiento de audio o video, y diseño de sitios web completos para gestionar contenidos, con un feed RSS para suscripciones y envío del pódcast a Apple Podcasts y otros directorios. También brinda la posibilidad de colocar anuncios en los episodios para generar ingresos, crear contenido prémium para suscriptores pagos, y tiene su propia plataforma de crowdfunding.

Podbean gestiona los pagos o donaciones de los suscriptores, cobra un 5% por manejo operativo, y los transfiere al podcaster vía Stripe, que cobra el 2,9% más 30 centavos por transacción.

Tras la prueba gratuita, se elige un nivel de pago, con un plan de 5 dólares mensuales (3 si es anual), que ofrece 100 MB de almacenamiento y 100 GB de ancho de banda mensual; el siguiente nivel cuesta 14 dólares mensuales (9 si es anual) y ofrece alojamiento y ancho de banda ilimitados para pódcast de audio; para video, el plan ilimitado cuesta 39 dólares mensuales (29 si es anual); y finalmente, hay un plan de 129 dólares mensuales (99 si es anual) para redes de pódcast, grupos y organizaciones, que permite publicar audio y video ilimitadamente, con una página de red de pódcast con hasta 3 títulos de series y hasta 3 cuentas de administradores.

Castos

1. Alojamiento pago
2. Planes medidos en tiempo de audio
3. Recaudo de dinero para el *podcaster*: Monetización (por contenido prémium)
4. *Feed* RSS
5. Integración con WordPress
6. Reproductor web personalizable
7. Audio Podcasts
8. Video Podcasts
9. Integración con YouTube
10. Estadísticas de escuchas
11. Estadísticas de tiempo de escucha

La principal ventaja de Castos es su buena integración con WordPress. A través de su *plugin* Seriously Simple Podcasting convierte instantáneamente un blog en pódcast dando el control de todo desde WordPress; incluso el *feed* RSS se puede controlar así.

Castos es pionera en el ofrecimiento de los datos de tiempo de escucha de cada episodio pódcast; así, el productor del contenido puede averiguar los promedios de permanencia de los oyentes, qué porcentaje del programa ha sido escuchado y qué porcentaje ha sido saltado o abandonado por quien lo escucha.

Se puede comenzar a publicar con un periodo de prueba gratuito y después elegir entre 3 planes de pago: **15 dólares** mensuales (facturados anualmente) por publicaciones ilimitadas de audio; **28 dólares** mensuales incluyendo la republicación de los episodios en YouTube; y **40 dólares** para pódcast de video.

Podigee

1. Alojamiento pago
2. Planes medidos en tiempo de audio nuevo por mes

3. Recaudo de dinero para el *podcaster*: Monetización (por contenido prémium)
4. Múltiples *feeds* RSS con una misma cuenta
5. Reproductor web personalizable
6. Sitio web personalizado dentro de su plataforma
7. Audio Podcasts
8. Capítulos con múltiples fotografías en su reproductor web
9. Conexión con redes sociales
10. Integración con Auphonic
11. Estadísticas de escuchas (según el plan de pago)
12. En alemán

Establecida en Alemania, Podigee aloja pódcast desde 2013. Ofrece monetización con *feed* RSS protegido para contenido prémium, que puede ser cobrado por el *podcaster* con tarjeta de crédito o con transferencias SEPA dentro de Europa. Los *podcasters* pueden crear códigos promocionales para sus oyentes o promover su contenido con ofertas.

Sus planes de pago comienzan con un periodo de prueba gratuito de 14 días, y el nivel más bajo cuesta **8 dólares** por hasta 2 horas de audio añadido cada mes; por **15 dólares** se obtienen hasta 4 horas de audio nuevo al mes; por **30 dólares** hasta 10 horas; y por **60 dólares** hasta 30 horas mensuales.

Gracias a la integración con Auphonic, los audios son procesados para mejorar su sonido en forma automática, y desde el plan de **15 dólares** en adelante se permite subir varias pistas por separado para que el sistema haga la mezcla final del pódcast. También ofrece publicación del pódcast en YouTube y transcripción automática a texto.

Desde el plan de **30 dólares**, ofrece múltiples usuarios administradores y múltiples *feeds* RSS, comenzando con 5 usuarios; también brinda el servicio para redes de pódcast sin límite de usuarios múltiples, en el plan de **60 dólares**.

Buzzsprout:

1. Alojamiento gratuito (por 90 días, en cupos de hasta 2 horas de audio por mes)
2. Alojamiento pago
3. Planes medidos en tiempo de audio
4. Estadísticas
5. Wordpress Plug-in
6. Reproductor web
7. Vinculación con redes sociales
8. Audio Podcasts
9. *Feed* RSS

Promete hacer fácil el *podcasting*, aunque limita el ancho de banda de todas sus cuentas a 250 GB por mes. Cada usuario puede subir un archivo de audio, y la plataforma, optimizar el sonido a una calidad básica de MP3 a 64 kbps, con la advertencia a quienes usen músicas de que deberán pagar 6 dólares mensuales más para subir la calidad a 128 kbps.

Después de los 90 días de bienvenida gratuitos, los planes de pago por elegir comienzan con **12 dólares** mensuales por cargar hasta 3 horas de audio nuevo cada mes, con un posible **extra de 4 dólares** por cada hora adicional; en el siguiente nivel, la mensualidad es de **18 dólares** por publicar hasta 6 horas de audio nuevo cada mes, con pago extra de **3 dólares** por hora adicional a ese límite; finalmente, el plan más grande cuesta **24 dólares** mensuales y permite subir hasta 12 horas de audio nuevo cada mes, con un cobro extra de **2 dólares** por cada hora adicional para sobrepasar ese límite.

Si todos esos planes resultan pequeños para alguno de sus clientes, tiene una oferta especial para *podcasters* profesionales de **79 dólares** al mes por aumentar el ancho de banda hasta 1 TB mensual, y un extra de 15 centavos de dólar por cada GB adicional.

TodoSobrePodcast.com

Archive.org

1. Alojamiento gratuito
2. Alojamiento ilimitado
3. Audio (archivos)
4. Video (archivos)

El "Archivo de Internet" es una biblioteca digital que alberga y conserva documentos de texto, imágenes, audio y video. Es una organización sin fines de lucro, que cuenta con el apoyo de la Biblioteca del Congreso de Estados Unidos y otras bibliotecas, y se enfoca en conservar archivos de dominio público y de atribución no comercial Creative Commons.

Esta gran plataforma de conocimiento público ha sido usada por muchos *podcasters* para alojar sus contenidos y luego enlazarlos, incrustarlos o embeberlos manualmente en blogs y páginas web, desde las cuales se pueden indexar y vincular con un *feed* RSS para crear un pódcast a partir de archivos multimedia localizados gratuitamente en ella.

Como es obvio, en el momento en que pongamos un documento en la plataforma, estaremos poniéndolo a disposición del público y de esta organización no gubernamental. Es un sitio ideal para quienes crean contenido sobre el que desean **no conservar los derechos de autor**. La gratuidad resulta un inconveniente para quien quiera obtener dinero con su propiedad intelectual o conservar los derechos para poder tomar decisiones sobre su obra.

Es una excelente solución gratuita para el *hosting* de los contenidos, pero no para su distribución ni redifusión RSS, que deberá hacerse por un proceso manual para llevar los episodios de un pódcast uno por uno hasta un sitio que lo haga accesible sin tener que recurrir a una búsqueda bibliotecaria. Una vez puestos allí los contenidos multimedia, no se pueden modificar.

Amazon S3:

1. Alojamiento gratuito (limitado)
2. Alojamiento pago
3. Planes medidos en datos con límite de ancho de banda
4. Audio (archivos)
5. Video (archivos)

Este servicio proporciona alojamiento de alta calidad en internet a grandes compañías para varios propósitos, con excelentes condiciones de ancho de banda y disponibilidad. Tiene un plan gratuito limitado a 5 GB de almacenamiento y 20,000 solicitudes de descarga, ideal para alojar pódcasts con audiencias pequeñas, aunque al popularizarse y aumentar las descargas, será necesario optar por un plan de pago. Dado que un solo suscriptor puede generar múltiples solicitudes diarias, es crucial considerar el límite del plan gratuito.

Los archivos multimedia deben vincularse a un blog o sitio web y tener indexación en un feed RSS para suscripciones. Amazon S3 sólo proporciona hosting de datos, dejando la distribución y redifusión a cargo del usuario.

Amazon S3 no es el único servicio para alojar archivos de audio o video para pódcasts, redirigiendo las ubicaciones a un feed RSS o incrustando los archivos en un sitio WordPress para generar el feed. Cualquier proveedor con almacenamiento adecuado puede albergar archivos multimedia, pero si el pódcast crece y las descargas aumentan, el servidor debe soportar el intenso tráfico sin fallos.

Un blog puede convertirse en pódcast; sin embargo, las plataformas pueden fallar al transportar grandes cantidades de datos. Tradicionalmente, los blogs y webs sólo presupuestan transferencias de textos y fotografías, mucho más ligeras en datos que un pódcast donde un audio de 25 MB podría ser descargado 1,000 veces o más en un día. Si el pódcast se populariza, las peticiones iniciales de un nuevo episodio pueden sobrecargar los servidores, llevando el pódcast fuera de línea.

Por lo tanto, las mejores opciones son plataformas especializadas en pódcast o del tamaño de Amazon S3.

WordPress:

1. Blog
2. No aloja audio ni video
3. Texto enriquecido y enlaces
4. *Feed* RSS
5. Disponible en español

Puedes instalar esta plataforma gratuita para sitios web en tu propio servidor (de pago o instalado en tus propios equipos) con el servicio de WordPress.org o usar el servicio gratuito de WordPress.com con alojamiento gratuito incluido, aunque con limitaciones para instalar adiciones como *plugins* o añadir tu propio dominio web. Para esas funciones, tienes que abrir una cuenta de pago o usar la versión "org" en tu propio servidor.

Para configurar un pódcast totalmente operativo con WordPress basta con considerarlo como un verdadero blog de audio. De esta forma, cada entrada o publicación del blog será también un episodio pódcast en el momento en que contenga un archivo de audio o de video. Estos archivos pueden estar alojados en tu propio servidor o en el que le hayas contratado a WordPress.com, o en cualquier otro lugar accesible con un enlace web.

En el primer caso, en tu propio servidor, debes tener en cuenta que, cuando haya usuarios que accedan a esos archivos, se irá consumiendo el ancho de banda mensual que tengas asignado en tu plan de *hosting*, y tendrás limitaciones dependiendo de tu conexión a internet en el caso de que lo alojes en tus propios equipos.

En ambos casos, una buena opción es la de combinar el manejo y la administración del blog con WordPress, y el alojamiento de audio o video en un sitio como Amazon Web Services o Archive.org.

WordPress puede ser lo suficientemente simple como para interpretar en forma correcta los enlaces: con solo poner una dirección web válida que lleve directamente al audio o al video, la versión de código del blog mostrará la dirección http del audio o video, pero la versión visible en web del blog mostrará un reproductor. Además, la versión enviada al *feed* RSS del blog llevará el contenido audiovisual a los suscriptores.

Además, WordPress insertará automáticamente la mayoría de los reproductores nativos de servicios de alojamiento de pódcast. Para que el audio llegue correctamente a suscriptores externos como Apple Podcasts, habrá que asegurarse de que al menos una vez en cada entrada del blog esté escrita la dirección exacta del archivo multimedia, terminada por ejemplo en ".mp3" o ".ogg", en el caso de audio, y ".mp4" o ".mov", en el caso de video.

También en WordPress se pueden instalar múltiples programas adicionales, como *plugins* que se especializan en optimizar estos blogs para su presentación como pódcast. Entre ellos podemos mencionar a PowerPress (creado por Blubrry). En todo caso, el uso de estos *plugins* es opcional para obtener manejo más detallado del *feed* del pódcast que sale de WordPress. Para comenzar con la opción más básica es suficiente con usar el *feed* que otorga el sistema WordPress, que suele ser la misma dirección web del blog añadiendo al final "/*feed*".

Blogger:

1. Blog
2. No aloja audio
3. **Sí aloja video**
4. Texto enriquecido y enlaces
5. *Feed* RSS
6. Disponible en español

Como WordPress, ésta es una plataforma gratuita destinada a blogs escritos; también se puede usar para pódcast.

Fue una de las primeras plataformas de blogs, y desde 2003 forma parte de los servicios ofrecidos por Google, por lo que basta con tener una cuenta de Gmail para tener un blog allí.

Se puede escribir un blog con libertad, incluso añadiendo enlaces a audios y videos; pero al generar un pódcast desde Blogger hay que activar la opción de archivos encapsulados. Eso se puede hacer en la configuración de un blog, así: en la casilla de "otros", elegir "sí" a permitir un *feed* RSS de salida del blog y "sí" a encapsular archivos en las entradas. Esa opción también puede aparecer como "activar enlaces al título y enlaces adjuntos". Hecho esto, quedará activado el *feed* RSS y en cada entrada blog habrá una casilla para añadir enlaces. Dentro de ella se pone el enlace a cualquier audio o video alojado en otros servicios como cualquiera de los *hostings* descritos en este capítulo.

Normalmente, la dirección del *feed* RSS de un pódcast o blog en Blogger se obtiene añadiendo "/RSS.xml" al final de la dirección web del blog.

Servicios en Asia

Estos servicios están avalados por Apple Podcasts, pero sus plataformas manejan sólo idiomas asiáticos, por lo que reconozco una limitación grande para reseñarlos en este libro.

Lizhi FM en chino

Qinting FM en chino

Kaola FM en chino

Ximalaya en chino

SSEN Hosting en coreano.

SEESAA en japonés

Audiogramas

Compartir el audio como si fuera video.

El audio es maravilloso para disfrutarlo mientras hacemos otras actividades, pero en las redes sociales el video ha sido el rey por varios años. En video se logra captar más la atención de las personas que navegan consultando muros de Facebook y *timelines* de Twitter e Instagram. Por eso, sería aconsejable compartir fragmentos de pódcast en versiones de video.

Los videos de extensa duración no son muy aconsejables, pero los videos cortos sí, ya que pueden llamar la atención lo suficiente como para que nuevos usuarios encuentren pódcast de su interés y opten por entrar en sus páginas web o donde puedan escuchar los audios completos después de haber visto un video.

Los videos cortos pueden estar compuestos de la imagen de portada del pódcast y un fragmento del audio, o estar ilustrados con fotografías diferentes que vayan cambiando a medida que avanza el audio. En esta modalidad, el audio y el video pueden comportarse igual en plataformas como Spreaker, cuyo reproductor web puede mostrar imágenes que cambian por cada capítulo interno dentro del mismo episodio pódcast, con lo que se obtiene un efecto visual similar al video, aun siendo sólo un audio con una fotografía de portada por capítulo.

Pero los archivos de audio no se pueden compartir en muchas plataformas de redes sociales que sólo muestran videos, como Facebook, Instagram, YouTube, Snapchat, Musical.ly y Twitter. Por eso, también se usan los videos "audiograma", en los que además de la foto de portada o ilustración se puede ver el movimiento de las ondas de audio que indican que hay algo por oír, y aquello ocurre cuando el dispositivo está en silencio; de modo que hay que subir el volumen para recibir el mensaje completo.

Veamos las principales maneras de generar audiogramas a partir de un episodio pódcast:

Video editado: Con herramientas y *software* de edición de video es fácil unir el audio de un pódcast y una o varias fotografías o ilustraciones. Para esto se pueden usar programas gratuitos, como iMovie y Movie Maker, o profesionales, como Adobe Premiere, Final Cut y Sony Vegas.

Con el programa After Effects, es posible incluso generar la graficación de la onda de audio en movimiento que caracteriza a los videogramas.

Video exportado desde el servicio de *hosting* de pódcast: Varios servicios de alojamiento de pódcast brindan la posibilidad de generar un archivo de video automático de la duración completa del audio del pódcast, como Spreaker y Libsyn, que además ofrecen integración con YouTube para publicar allí los audios. También se puede generar un archivo de video automático de los audios alojados en OmnyStudio; y con Blubrry es posible exportar como video los dos primeros minutos de un episodio pódcast.

Clammr: Aunque cerró en 2017, mencionamos esta app por ser una importante impulsadora de los audiogramas al permitir crearlos y compartirlos mucho antes que otras.

Auphonic: Este servicio de procesamiento automatizado de audio para su optimización y masterización incluye la posibilidad de vincular cuentas de plataformas de pódcast y de videos; permite, por ejemplo, subir un archivo de sonido o tomar un audio alojado en Spreaker, Libsyn, Archive.org o SoundCloud y exportarlo como video publicado automáticamente en YouTube y Facebook. El video resultante tiene una imagen fija y única de principio a fin. Auphonic ofrece un plan gratuito con capacidad de exportar hasta 2 horas de audio o video procesados por mes. Los planes de pago van desde **11 dólares (9€)** al mes hasta planes sin límites con precios concertados en forma personalizada.

WNYC: La radio pública de Nueva York WNYC, que además de radio se destaca en la publicación de pódcast, publicó en 2016 una herramienta digital de código abierto con la cual se pueden convertir archivos de audio en videogramas, lo que permite a los usuarios agregar fotos o ilustraciones, textos, subtítulos y la animación de la onda de audio. Es gratuita y está disponible en GitHub; puede instalarse en una computadora y luego ejecutarse desde un programa navegador de internet. Es muy útil, pero poco amigable para usuarios que no tengan conocimiento previo de códigos de programación para instalar software de este tipo. Funciona en equipos con Ubuntu, MacOS, Windows, Docker, y AWS (Amazon Web Services).

Headliner (Antes Sparemin): Comenzó como una app pensada para grabar pódcast o llamadas y almacenar los audios en forma privada o pública. En su página web ha instalado la herramienta abierta y gratuita de WNYC. Permite subir audios de hasta 10 minutos y crear con ellos audiogramas en video en línea, incluyendo imágenes, títulos o textos, transcripción automática del audio a texto (sólo en inglés) y una animación con la graficación de la onda de audio. Permite también añadir fotos y subtítulos, y ofrece transcripción automática. Como fondo se pueden usar fotografías o videos. Se pueden crear episodios completos en video de más de 10 minutos, siempre que sea sólo sobre una única fotografía y sin subtítulos.

Wavve: Con esta plataforma es posible crear videos en línea y exportarlos a Facebook y Twitter con gran flexibilidad de diseño, diagramación y animación con gráficas de onda de audio. Ofrece un plan gratuito de prueba que permite producir hasta 1 minuto de video al mes, en clips de hasta 12 segundos cada uno. Los niveles de pago van desde **10 dólares** mensuales, por 10 minutos de video generado al mes, hasta **30 dólares** mensuales por tiempo ilimitado de video generado al mes.

Astrofox: Es un programa de gráficos en movimiento de código abierto y gratuito, el cual permite convertir un audio en videos personalizados que se pueden compartir. Con él es posible combinar textos, imágenes, animaciones y efectos para crear un video único e impresionante.

Distribuirlo

Aunque el contenido de un pódcast se aloja en un servidor específico, la distribución asegura que los episodios sean accesibles desde múltiples plataformas y aplicaciones, lo que facilita que los oyentes lo encuentren, lo reproduzcan, se suscriban y lo compartan. Esto ocurre gracias al *feed* RSS (Really Simple Syndication) que permite realizar una multidistribución eficaz.

Al generar un *feed* RSS y compartirlo con diferentes directorios, se envían automáticamente las instrucciones necesarias a todos estos directorios para que cualquier usuario en el mundo pueda encontrar y acceder al contenido del pódcast, escuchándolo directamente desde su alojamiento original.

La ruta de la distribución de un pódcast se inicia con la creación de contenido en formato de audio o video, siendo crucial tener al menos un episodio listo para la publicación.

Una vez que el contenido está creado, el siguiente paso es seleccionar una plataforma de alojamiento de pódcast donde se subirán los archivos; es desde esta plataforma donde se generará el *feed* RSS, elemento central para la distribución. Este *feed* RSS funcionará como el canal mediante el cual los directorios y plataformas de distribución tendrán acceso a los episodios del pódcast.

Para que el pódcast esté disponible para la audiencia, es necesario enviar y validar el feed RSS en diversos directorios de pódcast como Apple Podcasts y Spotify, entre otros.

Al distribuir el pódcast en varios directorios, se aumenta la probabilidad de alcanzar a más oyentes, lo que a su vez facilita el acceso al contenido desde diversas plataformas y dispositivos. Además, una distribución adecuada puede potenciar el crecimiento de la audiencia y, con el tiempo, puede abrir puertas para monetizar el pódcast.

Además, si se cuenta con un sitio web, este puede servir como un lugar ideal para distribuir el pódcast, permitiendo a la audiencia acceder al contenido directamente desde el sitio. Un sitio web personal también puede actuar como un punto centralizado donde la audiencia puede encontrar todos los episodios, obtener información adicional sobre el pódcast y, posiblemente, interactuar con el creador o la comunidad.

Requerimientos Técnicos y de Contenido

- **Feed RSS**: Que funcione correctamente.
- **Episodios**: Tener al menos un episodio ya publicado.
- **Imagen de Portada**:
  - Tamaño mínimo de 1400 x 1400 píxeles y máximo de 3000 x 3000 píxeles.
  - Resolución de 72 dpi. Formato JPEG o PNG con extensiones de archivo apropiadas (.jpg, .png).
  - Paleta de colores RGB.
- **Etiquetado de Contenido**: Contenidos con palabras soeces o temas recomendados solo para mayores de edad deben estar etiquetados en el feed con <explicit> "yes" o "true".
- **Normativas de Contenido**: Evitar la publicación de contenidos considerados racistas, homofóbicos o misóginos. Practicar autocensura en el lenguaje explícito en los títulos, subtítulos o descripciones escritas.

- **Abstenerse** de hacer menciones o alusiones a drogas ilícitas, profanaciones o violencia.
- **Evitar** representaciones de sexo explícito, violencia, gore, drogas ilegales o temas de odio.
- **Marcas Registradas**: Usar marcas registradas por terceros solo con explícita autorización del dueño de los derechos.
- **Calidad Gráfica**: Evitar imágenes con pixelación, artes de fondos de alto contraste, zonas borrosas o recortes toscos (a menos que sean estilísticos) u otros problemas de estilo.

En Apple Podcasts

Aunque hay muchos directorios independientes, casi todos buscan primero en el catálogo de Apple Podcasts, el mismo que aparece en iTunes desde 2005. Si tu pódcast no está en el directorio de Apple, no aparecerá tampoco en Overcast, CastBox, Pocket Casts, Instacast, Beyondpod y muchas otras apps para escuchar.

Publicar un pódcast en Apple Podcasts es un proceso sencillo que puede realizarse sin costos monetarios iniciales, y se basa principalmente en el uso de feeds RSS. Este servicio actúa como un directorio y sistema de distribución que organiza los feeds RSS de pódcasts disponibles en la web, pero no aloja el contenido de audio. Aquí te explicamos los pasos para compartir tu pódcast con la audiencia a través de Apple Podcasts, ya sea de forma gratuita o monetizando tu contenido:

Publicación gratuita en Apple Podcasts:

Alojamiento: Asegúrate de alojar los archivos de audio de tu pódcast en una plataforma de alojamiento de pódcast como Spreaker, Libsyn, iVoox o Anchor. Allí obtendrás el *feed* RSS, el archivo que contendrá toda la información del pódcast: título, descripción, imagen de portada y URLs de los episodios.

Accede a Apple Podcasts Connect: Inicia sesión o, si no tienes una cuenta, crea una nueva en Apple Podcasts Connect. En este paso necesitarás tener un Apple ID con usuario y contraseña. Si aún no tienes un Apple ID, puedes obtener uno en http://bit.ly/ID-sin-pagar.

Agregar Nuevo Pódcast: Una vez adentro de la platarofma, inserta la URL de tu feed RSS y sigue las instrucciones en pantalla.

Revisión y Aprobación: Apple revisará tu pódcast y, una vez aprobado, estará disponible en Apple Podcasts para que los oyentes puedan suscribirse y escucharlo.

Monetización a través del Programa Apple Podcasters:

Para monetizar tu pódcast, puedes unirte al Programa Apple Podcasters por una tarifa anual de $19.99. Este programa te permite ofrecer suscripciones pagadas con distintas estructuras de precios como Gratis, *Freemium* y Pagado, y brindar beneficios a tus suscriptores como escucharte sin anuncios publicitarios, episodios adicionales, o acceso anticipado a los episodios.

Inscríbete en el Programa Apple Podcasters: Entra a Apple Podcasts Connect (necesitarás tener un Apple ID con usuario y contraseña): Ve a la sección "Account, Subscriptions" y haz clic en "Join the Apple Podcasters Program", sigue los pasos para completar tu inscripción.

Define los beneficios que tendrán tus suscriptores como acceso anticipado, episodios adicionales, contenido exclusivo, o acceso sin anuncios publicitarios.

Crea un canal, para que se suscriba tu audiencia y envíalo para revisión.

Establece los precios de suscripción que pueden ser mensuales o anuales, y considera ofrecer pruebas gratuitas.

Carga cada audio exclusivo para suscriptores en Apple Podcasts Connect para asegurar la protección DRM (Gestión de Derechos Digitales).

Recibe los ingresos: Recibirás el 70% del precio de la suscripción en cada ciclo de facturación, menos los impuestos aplicables. Tras un año de servicio pagado por un suscriptor, tu ingreso neto aumenta al 85% del precio de la suscripción, menos los impuestos aplicables.

En Spotify

Spotify es una plataforma popular que permite a los creadores de contenido compartir pódcast con una audiencia global. Al igual que Apple Podcasts, el proceso para subir un pódcast en Spotify es sencillo y permite hacerlo alojando tus audios en Spotify o distribuyéndolo desde otro servicio de alojamiento. Solo necesitas una cuenta de usuario en Spotify y conocer el feed RSS de tu programa para darlo de alta en la plataforma.

Usando Spotify For Creators

Crear una cuenta: Utiliza un correo electrónico funcional para registrarte en **Spotify for Creators** (anteriormente Spotify for Podcasters). Completa tu perfil con un nombre de usuario único, una imagen y una descripción sobre ti o tu pódcast.

Grabar y editar: Aprovecha las herramientas de grabación y edición de Spotify for Creators. Puedes grabar directamente en la plataforma o subir archivos de audio pregrabados.

Publicar: Incluye una descripción atractiva y palabras clave relevantes para que las personas puedan encontrar tu pódcast fácilmente.

Distribuir: Spotify for Creators distribuirá tu pódcast directamente a Spotify y puede enviarlo también a varias plataformas, incluyendo Apple Podcasts, vía RSS.

Monetizar: Spotify ofrece opciones de monetización para tu pódcast a través de anuncios y patrocinios que deberás grabar con tu propia voz, permitiendo que Spotify for Creators los incluya en tu pódcast para contabilizarlos. Este programa de monetización puede tener restricciones según el país en el que vivas.

Novedades para 2025

- **Videopódcast**: Spotify ha integrado la opción de subir pódcast en formato de video, permitiendo a los creadores ofrecer contenido audiovisual a su audiencia.

- **Monetización de videopódcast**: A partir del 2 de enero de 2025, Spotify implementará un programa de monetización para videopódcast en Estados Unidos, Reino Unido, Australia y Canadá. Los creadores en esos países podrán recibir pagos basados en la interacción de los usuarios Premium con sus contenidos en video.

- **Eliminación de anuncios para usuarios Premium**: Los usuarios Premium disfrutarán de videopódcast sin interrupciones publicitarias, mejorando su experiencia de visualización.

- **Nuevas funciones de descubrimiento**: Se han introducido videoclips cortos y verticales que permiten a los creadores promocionar sus episodios y aumentar su visibilidad en la plataforma.
Sala de Prensa Spotify

Usando otro hosting de pódcasts:

Si ya tienes un servicio de *hosting* de pódcast puedes darlo de alta para ser distribuido en Spotify.

Crear una cuenta en Spotify for Creators: Tu usuario será el mismo que tengas para escuchar música en la aplicación de Spotify, pero deberás asegurarte de que no entras al servicio de música. En su lugar, dirígete directamente a la página de Spotify for Creators y regístrate o inicia sesión.

Agregar tu pódcast: Introduce la dirección URL de tu feed RSS y sigue las instrucciones para verificar y configurar tu pódcast.

Revisión y publicación: Spotify revisará tu pódcast para asegurarse de que cumple con sus políticas. Una vez aprobado, el pódcast estará disponible en Spotify y podrás empezar a compartirlo y promocionarlo.

Videopódcast en Spotify: Más que solo audio

Spotify ha dado un paso firme hacia la integración del **videopódcast** como una parte clave de su plataforma. Desde su lanzamiento, los creadores ahora pueden subir episodios en video directamente a Spotify, permitiendo a su audiencia consumir contenido tanto en audio como en formato visual, sin necesidad de cambiar de aplicación.

Esta funcionalidad responde a la creciente demanda de experiencias mixtas entre oyentes y espectadores, donde el formato video logra **mayor retención de audiencia** y **mejora la conexión con los creadores** al ofrecer una experiencia más inmersiva y personal.

Un factor importante a destacar es que los videopódcast subidos a Spotify mantienen **todas las opciones de monetización disponibles** en la plataforma, como anuncios, suscripciones de pago y contenido exclusivo para suscriptores Premium. Además, los creadores tienen acceso a **estadísticas avanzadas** que permiten analizar qué partes del video retienen más a su audiencia y en qué momento los usuarios abandonan la reproducción.

Para los creadores que buscan diversificar su contenido en 2025, aprovechar la funcionalidad de videopódcast en Spotify les brinda una oportunidad única de combinar la potencia del audio con el impacto visual, capturando así una audiencia más amplia y comprometida.

En YouTube

YouTube no ha sido una plataforma tradicional para la distribución de pódcast, sin embargo, su amplio alcance y accesibilidad lo han convertido en un canal popular para los *podcasters*.

Al hacerse popular también en el consumo de pódcast, YouTube ha permitido crear playlists dentro de los canales que se constituyen en pódcast para la propia plataforma y para su servicio de audio y video YouTube Music, donde estas playlists pueden escucharse sin la necesidad de tener video activado.

Distribuir tu pódcast en YouTube es una manera efectiva de alcanzar a una audiencia más amplia, especialmente a aquellos que prefieren consumir contenido en esta plataforma. También te brinda la oportunidad de explorar un formato visual, si así lo deseas, y de interactuar con tu audiencia en un nivel más personal.

YouTube se destaca como una de las plataformas más populares para los pódcasts, albergando una vasta audiencia global de más de 2 mil millones de usuarios activos. Distribuir pódcasts en YouTube no sólo ayuda a los creadores a expandir su alcance y construir su comunidad, sino que también proporciona oportunidades de monetización. Además, los pódcasts están disponibles en la aplicación YouTube Music, lo que permite a la audiencia seguir escuchando o viendo los episodios en movimiento.

El video: Si tu pódcast es de audio, necesitarás convertirlo en un archivo de video. Puedes hacer esto utilizando software de edición de video o un servicio de conversión automática como Headliner.

Una Cuenta de YouTube: Si aún no tienes una, deberás crear una cuenta de YouTube. Es recomendable crear un canal que pueda albergar la *playlist* que configurará tu pódcast y facilitar que los oyentes lo encuentren.

Subida del Video: Una vez que tu archivo de video esté listo, puedes subirlo a YouTube. Durante este proceso, deberás ingresar información relevante como el título del episodio, descripción, y etiquetas. También es el momento de subir una miniatura atractiva para tu video.

Optimización para SEO: Asegúrate de utilizar palabras clave relevantes en el título, descripción y etiquetas para ayudar a que tu video sea encontrado por las personas interesadas en tu contenido.

Interacción: Interactúa con tu audiencia en YouTube respondiendo comentarios y solicitando retroalimentación. Esta interacción puede ayudarte a construir una comunidad leal alrededor de tu pódcast.

De Google Podcasts a YouTube Music

Hasta el año 2023, para escuchar y suscribirse a pódcast en dispositivos Android y tabletas, Google ofrecía una aplicación específica llamada Google Podcasts. Esta aplicación estaba vinculada directamente con el buscador de Google, y los feeds RSS eran detectados automáticamente por el motor de búsqueda para ofrecer una suscripción fácil a los usuarios.

No obstante, este panorama evoluciona en 2024, cuando Google decide centralizar el acceso a los pódcast dentro de YouTube Music, eliminando la necesidad de una suscripción paga para acceder a ellos. Esta transición a YouTube Music busca simplificar y unificar la experiencia de escucha.

Hay dos métodos principales para acceder a un pódcast en YouTube Music. El primero consiste en subir los archivos de audio a la plataforma de video de YouTube, y luego configurar una lista de reproducción como pódcast, lo cual permitirá que los episodios se escuchen también en YouTube Music. El segundo método se refiere a la migración planificada desde la aplicación Google Podcasts hacia YouTube Music, facilitando así la continuidad en la escucha de pódcast para los usuarios previos de Google Podcasts.

Esta transición busca no sólo mantener, sino mejorar la experiencia de los usuarios y creadores de pódcast, al aprovechar las características robustas y la amplia base de usuarios de YouTube Music.

El auge del videopódcast

En los últimos años, el videopódcast ha emergido como una de las tendencias más importantes en la industria del podcasting. Plataformas como YouTube se han convertido en los canales principales para este formato, atrayendo a nuevas audiencias que prefieren una experiencia visual y dinámica.

Según datos recientes, **YouTube es ahora la plataforma más usada para consumir pódcast, con un 31% de los oyentes semanales en Estados Unidos utilizándola como su principal medio**, superando a plataformas como Spotify y Apple Podcasts. Esta tendencia se ve impulsada por la creciente popularidad de los videoclips cortos, que permiten compartir momentos destacados de los episodios en redes sociales como TikTok e Instagram.

Además, YouTube ofrece herramientas avanzadas para creadores, como **capítulos en video**, programación de publicaciones y métricas detalladas sobre el comportamiento de la audiencia. Esto convierte a la plataforma en una opción estratégica para quienes desean expandir su alcance y explorar nuevos formatos de monetización.

Para los creadores que buscan mantenerse relevantes en 2025, integrar componentes visuales a su contenido no solo puede aumentar su visibilidad, sino también mejorar la retención de oyentes y su potencial de crecimiento.

Otros servicios

Amazon Music: Con una creciente popularidad, Amazon Music se ha incorporado al mundo del *podcasting*, ofreciendo a los creadores otra plataforma para compartir su contenido. El proceso para publicar tu pódcast en Amazon Music es bastante sencillo y se centra en el uso de *feeds* RSS, similar a otras plataformas de distribución de pódcasts. Encontrarás el formulario de entra en https://podcasters.amazon.com

iVoox: Es uno de los directorios más consultados en España. Abre una cuenta en iVoox.com y luego, dentro de tu perfil, ir a la sección "Mi contenido".

Tunein: Se especializa en radios de antena en su versión web y canales de *streaming* en internet; también acepta pódcast. Para entrar, hay que llenar el formulario: https://help.tunein.com/es/contact/add-podcast-S19TR3Sdf

RadioPublic: Es una de las nuevas apps y portales de escucha de pódcast que no añaden automáticamente el catálogo de Apple Podcasts. Para entrar, hay que hacer una solicitud llenando el formato que está en: https://radiopublic.typeform.com/to/tWMwSl

iHeart Radio: Es un importante servicio radiofónico de los Estados Unidos que también difunde pódcast. La forma de añadir un contenido es a través de las compañías de *hosting*. Quien publique sus pódcast, por ejemplo, en Spreaker o en AudioBoom, podrá enviar desde allí su solicitud a iHeart Radio.

Deezer: Para ingresar al catálogo de pódcast de esta compañía de distribución de música en *streaming* y pódcast, y postular uno, hay que llenar este **formulario web:** https://podcasters.deezer.com/submission

Muchas de las demás plataformas operan sus directorios directamente desde la información de Apple Podcasts, asegúrate de que tu pódcast esté disponible allí.

Quinta parte:
DESPUÉS DE PUBLICARLO

Evaluar

¿Cuándo, cómo y dónde?

Durante décadas, los medios masivos de comunicación tradicionales han recurrido a encuestas de audiencia como medición para evaluar su desempeño. Pero, respecto a los pódcast, resulta mucho más fácil evaluar si se están cumpliendo los objetivos o no. Sin recurrir a encuestas.

Al publicar el audio (o video) en archivos para descarga o reproducción en línea, es fácil para las compañías de alojamiento rastrear las conexiones y las descargas. De esa forma se obtienen mediciones que pueden dar mucha luz sobre el alcance de un pódcast, sobre cómo lo están usando las personas que se suscriben o que lo consumen ocasionalmente.

Una vez que los *podcasters* tienen los datos de estadísticas, pueden descubrir cosas muy interesantes y corregir, ajustar o replantear la estrategia de su trabajo para alcanzar las metas que se hayan propuesto.

Veremos a continuación cómo se miden las descargas y escuchas, cómo se "monetiza" y cómo se impulsa un pódcast.

Medición de descargas y de escuchas

¿Cuándo, cómo y dónde?

Una descarga, en estadísticas, se marca a partir de 200kb. Si el usuario cancela la descarga o el *stream* del episodio antes de eso, no aparecerá registrada su escucha en las estadísticas que los *podcasters* pueden ver según el servicio que les provee el conteo detallado de descargas (hechas por los propietarios de las cuentas), escuchas, lugares del mundo donde ocurren esas descargas, dispositivos electrónicos usados, sistema operativo de esos dispositivos, y en los casos en los que fuera posible establecer más datos: edad y género.

En las estadísticas específicas de Spotify una descarga se marca a partir del momento en que cada oyente ha reproducido 1 minuto o más del audio de un episodio.

Desde 2017, Apple Podcasts permite al *podcaster* conocer las estadísticas generadas dentro de su sistema de escucha en aparatos y aplicativos de Apple, sumando el tiempo de escucha de cada episodio y el momento en el que los usuarios interrumpen o abandonan la escucha. Son datos tan específicos como los que brinda YouTube sobre el consumo de videos en su reproductor; y se puede acceder a esos datos sólo para reproducciones hechas desde Apple Podcasts.

De manera que otras reproducciones alcanzadas fuera de los dispositivos de marca Apple no cuentan con esos niveles de detalle estadístico, salvo que cada marca de reproductor lo implemente. Cosa que no parece fácil en *podcasting*, teniendo en cuenta que es un medio que no restringe las reproducciones a una sola marca de aparatos o de aplicativos.

Hasta hace poco, algunos servicios de medición consideraban como "descarga" o "escucha" un *ping* de 1k, lo cual ha generado el fenómeno de recibir datos diferentes de la medición, por ejemplo, de tu cuenta *hosting* y tu cuenta de administración de *feed*, que también ofrece estadísticas y datos analíticos. Esto constituye un problema para certificar las audiencias si cada plataforma mide con criterios diferentes.

¿Y quién regula esos estándares de medición? La industria creciente de los pódcast, con necesidad o intención de vender anuncios publicitarios, tiene la tarea y el empeño de conseguir un consenso en la manera de medir las descargas para certificar a los anunciantes el comportamiento de su inversión de dinero en publicidad. El laboratorio técnico del consorcio mundial Interactive Advertising Bureau, IAB Tech Lab, está haciendo lo posible por crear estándares que se apliquen de la misma manera en todos los servicios de *hosting* de pódcast. Esta entidad agremia a más de mil empresas de publicidad y mercadeo digital en el mundo desde 1996 y tiene sedes locales en México, Argentina, Brasil, Chile, Colombia, Ecuador, Perú, Uruguay y España.

Monetización de un pódcast

La mayor parte de los pódcast disponibles actualmente son grabados y publicados sin pago ni transacción comercial alguna. Respecto a eso, una de las preocupaciones de muchas personas es si el *podcasting* será sostenible económicamente y llegará a convertirse en una industria tan fuerte como la radio o si se quedará en el plano de una actividad para aficionados y voluntarios sin remuneración.

Vale la pena anotar que —como se describió en el capítulo dedicado a la radio "no tan pública"— hay sistemas de distribución, redifusión y financiamiento de contenido sonoro que favorecen a los emprendimientos que se han dedicado a la producción de pódcast de audio (para el caso de Estados Unidos). Y la plataforma de video YouTube ha demostrado tener un modelo eficiente para obtener financiación por publicidad de las producciones de video en las que no hay ninguna televisión involucrada.

Pero, para los *podcasters* de regiones distintas a Norteamérica, los fondos de redes radiales como NPR no son una solución viable para mantener una producción constante de pódcast. Es oportuno reconocer los esfuerzos de las radios públicas y de economías mixtas en otros países, como BBC, en el Reino Unido; Radio France y RFI, en Francia; RTVE, en España; y RTVC, en Colombia. Hay que otorgarles también reconocimiento a experiencias como las de Canal Encuentro, creado por el Ministerio de Educación de la República Argentina y el cual se dedica a producir televisión y formatos por suscripción de video a la carta. En los modelos de televisión pública, también el canal Señal Colombia ha producido series que se distribuyen tanto en televisión como en internet de manera abierta y gratuita para los espectadores, con recursos de producción provenientes de dineros públicos y contratos con compañías realizadoras o acuerdos de coproducción pública y privada.

Pero aún son pocas las compañías productoras de audio que se dedican a realizar pódcast, entre las cuales están los emprendimientos privados, como Convoy y Dixo, en México; Posta, en Argentina; y Radio Ambulante, que desde Estados Unidos coordina un equipo que produce contenidos en castellano sobre historias latinoamericanas. Este último caso es además ha prosperado con un modelo de creación de contenido que es originalmente destinado a pódcast, pero que también se distribuye en radios al aire y que ha obtenido recursos económicos de fuentes tan diversas como becas estatales y coproducciones con otros medios de comunicación, como *The New York Times*.

También hay formas de financiación independientes para beneficiar parcial o totalmente a productores independientes de pódcast a título personal, en redes de colegaje y en emprendimientos privados chicos y medianos. Esos métodos son múltiples y en muchas ocasiones funcionan mezclados y en conjunto.

PayPal

La primera de las formas de recibir dinero por un pódcast es directamente entre el podcaster y los oyentes que lo quieran apoyar haciendo donativos o pagos a través de un botón web de la plataforma de pagos electrónicos PayPal. De este modo, se puede pagar con una tarjeta de crédito y recibir el dinero en una cuenta bancaria. Esta modalidad de apoyo monetario fue instalada desde hace años en muchos blogs, y como reflejo natural apareció también en comunidades de *podcasters*, como Podomatic.com, desde aproximadamente 2006, e iVoox.com, desde 2015. Normalmente, estos son pagos pequeños cuyo monto es elegido a voluntad por los donantes, aunque los *podcasters* pueden sugerir las cantidades y las monedas o divisas. Además, las donaciones se pueden hacer con un único envío de dinero o con una modalidad de envíos recurrentes cada mes hasta que el donante los suspenda desde su cuenta PayPal.

Suscripciones prémium

Cronológicamente, fue la segunda forma de "monetización" o comercialización directa entre los *podcasters* y su audiencia. Está inspirada en los modelos de contenidos prémium disponibles sólo para quien pague una mensualidad o suscripción definida. Es un método de comercio electrónico, en el que se vende el contenido de un sitio web. Se usó durante algunos años con aplicaciones de tipo *Plug-In* para blogs y pódcast publicados con tecnología de Wordpress.org, como Suma Plugin y MemberWingX, que permitían restringir algunos contenidos para que sólo los usuarios de pago pudieran acceder a ellos. Otros similares que todavía se usan son s2Member, WP-Members y WP-eMember.

Normalmente, son *plugins* de pago, mientras que Pay-Pal cobra comisiones por cada transacción, aunque la comisión es mucho menor cuando son donaciones que cuando se trata de comercio electrónico de pago de bienes y servicios. Como es evidente, estos métodos de recaudo de dinero sólo funcionan en pódcast si los audios están siendo publicados por intermedio de un sitio con tecnología Word-Press.

Las suscripciones pagas para acceder a un pódcast o a una serie de episodios de un pódcast han cambiado con las tendencias, ya que cada vez son menos frecuentes los pódcast alojados en sitios propios, pues las comunidades y sitios especializados en alojamiento y redifusión de pódcast hacen que los procesos sean más fáciles y además ofrecen ventajas al tener un catálogo amplio para poder negociar con grandes empresas. Compañías dedicadas específicamente a alojar y promover pódcast, como Libsyn, tienen servicios de manejo de suscripciones con contenido prémium, de pago, incluyendo episodios pódcast y otros contenidos, como videos y PDF, con la ventaja de poder ofrecerlos de manera transversal en todas las plataformas para que los suscriptores no tengan limitaciones. El material prémium se puede obtener en dispositivos Apple, Android, Windows y Amazon.

Google AdSense

Es el sistema de publicidad más conocido y popular en sitios de internet mediante *banners* y anuncios que remuneran al propietario de la página web por cada clic que se genere en sus publicaciones. Por el precio dinámico que se paga por publicidad con plataformas de este tipo, un sitio web necesita tener un elevado nivel de visitas para generar algo de dinero. En Latinoamérica, suele presentar resultados económicos cercanos a cero ingresos. Otra de sus desventajas es que el dinero proviene de anuncios visuales que jamás serán vistos por los suscriptores de un pódcast recibido en *podcatchers* y apps de administración de suscripciones.

Enlaces afiliados

Los programas de *Affiliate Marketing* de diversas compañías ofrecen la posibilidad de ganar ingresos por cada venta que se concrete a partir de una recomendación, lo cual se logra con un sistema de rastreo de la procedencia de cada clic en las tiendas en línea. Como es obvio, hay que inscribirse en los programas de afiliados y obtener un código que se añade a los enlaces y que permite establecer a quién corresponde la comisión por cada venta.

Este método de comercialización ha resultado más provechoso para los *podcasters* que los anteriores, pues se puede usar fácilmente para recomendar artículos en episodios pódcast y, al generar ventas efectivas, generar ingresos para quien hizo la recomendación. Las dos fuentes más importantes de este tipo de ingresos son Amazon y Uber.

En muchas ocasiones, el dinero que se genera no se paga en efectivo, sino en crédito abonado en la misma tienda o servicio, lo cual resulta ser un modelo por lo menos divertido que permite obtener viajes gratis en Uber para los *podcasters* de América y compras o cheques de Amazon para los *podcasters* de España; es decir, esos 'premios' son para quienes se animan a inscribirse y logran la suficiente audiencia como para que sus enlaces afiliados generen ventas reales.

En Uber el modelo es más limitado, porque sólo se aplica una vez por cada cliente que inscriba su tarjeta de crédito en el servicio; mientras que en Amazon se acumulan ingresos por cada una de las ventas, que pueden ser de varios usuarios o de clientes frecuentes que continúan comprando. Las comisiones generadas varían entre el 1% y el 10% de cada transacción exitosa, dependiendo de la categoría de producto en Amazon. Por su parte, Uber ofrece valores fijos para cada país en donde opera, y ha hecho ajustes en el programa de remuneración, limitando el tiempo de uso del crédito abonado a cada cuenta. Y es lógico establecer que, si sólo genera ingresos un usuario nuevo, llegará el momento en que esos ingresos dejen de ser atractivos, ya que sólo funciona bien durante la etapa de crecimiento exponencial del servicio.

Otra fuente de ingresos por programas de afiliados es TradeTracker, que permite conectar a anunciantes diversos de múltiples comercios en línea —grandes, medianos y chicos— con los productores de contenido web que estén interesados en esta fórmula de conseguir ingresos al recomendar productos; pero no está abierta para todos: hay que llenar una solicitud, y el equipo de TradeTracker autoriza siempre y cuando el aspirante encaje con las campañas que tengan vigentes, según las categorías. Aunque cualquier persona que posea un sitio web puede postularse si es mayor de edad, no todos son aceptados por la plataforma (primer filtro) y por los anunciantes (segundo filtro). Está claro que a este servicio, que busca puntualmente asociarse con sitios web especializados y de tráfico intenso, no le interesa el *long tail*, que significa tener a muchos afiliados con ventas pequeñas.

También Apple otorga comisiones por todas las ventas disponibles en iTunes, incluyendo música, libros, películas y, por supuesto, *software* y aplicaciones. Pero los ingresos son más bajos y requieren un mayor número de "conversiones" o ventas realizadas. Este programa de afiliados ha sido más usado por otro tipo de emprendimientos diferentes al pódcast, como listas de correo, blogs e influenciadores en Twitter.

Micropagos recurrentes

Hay nuevas plataformas que promueven el recaudo de dinero entre los seguidores de creadores de contenido en internet, como *podcasters*, escritores, fotógrafos, dibujantes o ilustradores, músicos, videógrafos, blogueros y artistas plásticos que compartan sus creaciones en la web.

Entre los *podcasters* hispanos, la plataforma de micropagos en esta modalidad de mecenazgo colectivo ha sido Patreon, aunque curiosamente no está en español, como sí es el caso de Tipeee. Otra opción es Stripe, que puede conectarse con el *plugin* de comercio electrónico WordPress WooCommerce, para combinar esta estrategia con la de suscripciones pagas, relatada más arriba.

Un sitio de membresía en WordPress combinado con un *plugin* de *podcasting* para poner los audios con vinculación *enclousure* en el *feed*; y los archivos de audio MP3 quedan en una zona del sitio protegida por contraseña para que estén disponibles sólo para los usuarios autorizados por el plan de membresía. Pero no todas las aplicaciones para oír pódcast son compatibles con estas publicaciones que requieren contraseña.

Podbean es una plataforma que ha apuntado hacia formatos de pódcast que obtienen dinero directamente de los oyentes, ofreciendo las modalidades de pago por suscripción a múltiples episodios de un pódcast con un pequeño pago recurrente o un pago más grande que cubra toda una temporada, con un pago por cada descarga de un episodio y también con una plataforma de *crowdfunding* integrada. El precio que cobra la plataforma es una comisión del 15% de los ingresos, y el sistema de pago cobra otras comisiones según el monto y el plan con los sistemas de pago electrónico de Stripe y de PayPal.

También se pueden publicar episodios de pago individual, al estilo de la televisión por suscripción, con plataformas como Podbean y Acast. Así, quien quiera oír un episodio o serie de episodios pódcast podrá pagar una suscripción o una suma individual a manera de "boleto" de entrada al contenido que quiere disfrutar por una única vez.

Crowdfunding

El nombre en castellano para este tipo de financiación colectiva de proyectos podría ser "micromecenazgo". El *crowdfunding* consiste en conseguir donaciones o ventas anticipadas hechas por multitud de personas a través de internet, hasta llegar a una meta medida en sumas de dinero para emprender la ejecución del proyecto presentado a consideración del público.

Para obtener dinero de una comunidad, se recurre a plataformas en línea que hacen las veces de entidad fiduciaria; de modo que reciben los dineros recaudados, cobran un porcentaje de participación y administración del proyecto, y luego pagan al beneficiario para que pueda emprender un proyecto concreto anunciado. De esta forma, un pódcast puede conseguir el dinero necesario para cumplir con metas específicas, como publicar una temporada de un número determinado de episodios.

Aunque también se puede aplicar este modelo en el mundo real, vendiendo abonos o captando donaciones en persona, las plataformas digitales más comunes suelen ser Kickstarter e Indiegogo. Pese a que hay más sitios dedicados al *crowdfunding*, éstos dos son los líderes en sus modelos correspondientes: el primero, en recaudar dinero o devolverlo si no se alcanza la meta propuesta para ejecutar el proyecto; y el segundo, en recaudar sin importar si las metas son alcanzadas en su totalidad.

Pero es mucho más que pedir dinero para un sueño: hay que hacer campañas para solicitarlo, conseguir llamar la atención de los donantes o inversores, destacar en la plataforma elegida y sortear otras dificultades, como los límites legales de impuestos, la captación de dinero en diferentes países y el traslado de las divisas hasta una cuenta bancaria local en el país de quien recibirá lo recolectado.

En muchas ocasiones, este proceso constituye un trabajo tan arduo como desarrollar el proyecto prometido.

Etiqueta *Payment*

Varias apps que se utilizan para oír pódcast y administrar suscripciones ofrecen activar un botón de pagos para que los oyentes puedan donar o aportar a las plataformas de recaudo de dinero en las que estén inscritos los realizadores de pódcast.

Es el caso de Overcast (para iOS) y Pódcast Addict (para Android), que detectan si un *feed* RSS incluye en la descripción general o en las notas de un episodio pódcast un enlace a plataformas de recaudo y apoyo monetario, como Patreon y Tipeee, o al modo de aportes de Anchor.

La app de escucha, al identificar uno de esos enlaces, permite que se haga visible un botón de pagos.

También en algunas apps para oír pódcast se reconoce en el *feed* una etiqueta que avisa que el pódcast recibe pagos. La etiqueta sugerida para añadir al código del RSS es: *<a href="https://xxx.com/" rel="payment">Apoya a este pódcast</a>*. En este ejemplo basta con cambiar las "xxx" por tu dirección de Patreon, Tipeee o el servicio que uses para recaudo de dinero.

Campañas de influenciadores

Con el auge de las redes sociales se ha popularizado el *marketing* de influenciadores, en el que los anunciantes, en lugar de recurrir a la publicidad tradicional, buscan asociar su imagen y promocionar sus productos y servicios en las redes sociales desde publicaciones originadas directamente por personas con muchos seguidores, para ejercer influencia al difundir un mensaje comercial o institucional.

Es en principio la misma estrategia que antes se utilizaba al poner a celebridades en anuncios publicitarios tradicionales por radio, televisión, prensa y vallas en las calles o en el transporte público. Un futbolista famoso en el ámbito internacional puede costar más que lo que una marca esté en condiciones de invertir en mercadeo, por lo que quizás resulte más sensato y rentable contratar como influenciadores a personas que sean "famosas" sólo en círculos específicos de público en redes sociales, como Twitter e Instagram.

Un influenciador también podría tener un pódcast, o hacerse conocido desde un pódcast y alcanzar un nivel de reconocimiento suficiente como para tener muchos seguidores en redes como YouTube y Facebook, y luego cobrar por generar mensajes en sus redes sociales para apoyar una campaña.

Publicidad en audio insertado

Así como la televisión y la radio han puesto por años publicidad en sus contenidos para hacerlos viables económicamente, los pódcast pueden tener dentro de su contenido publicidad pagada.

La primera y más simple de las modalidades de publicidad insertada en el audio es el *Live Read* o lectura en vivo de un mensaje comercial. El presentador de un pódcast lee o interpreta con su voz el texto que el anunciante le haya pedido difundir.

Dentro de esta categoría también está el *product placement* o inclusión y demostración de productos que parezcan casuales dentro del contenido. Por ejemplo, si el *podcaster* bebe una marca específica de café mientras conversa en el programa o si realiza una grabación desde el local de una compañía de telefonía y hace una entrevista al vendedor como si fuera por una coincidencia sutil para anunciar un producto o servicio.

La segunda opción es incluir cuñas o "promos" pregrabadas, también provistas por el anunciante. Hay plataformas que se han encargado de explorar planes de monetización de contenidos por este medio, como MidRoll.com en los Estados Unidos. También por ese camino, iVoox, en España, logra resultados al incluir cuñas de audio además de publicidad visual en su sitio web y su App.

Dinámica

Las opciones más novedosas de publicidad insertada en pódcast están relacionadas con la adición de cuñas pregrabadas que son contratadas por los anunciantes con las plataformas de *hosting* y de distribución de pódcast, para que sean puestas en los audios justo en el momento de la descarga o de la escucha por parte del público. Esto permite que un anunciante no elija al productor del contenido, sino a su público, lo cual es mucho más apropiado tanto para las campañas publicitarias, que encontrarán mejor a sus clientes potenciales, como para el productor del contenido, que no tendrá que buscar anunciantes en cada rincón del mundo; y para el público, porque los mensajes patrocinados que escuche serán más útiles para su entorno y su ubicación geográfica.

En este caso, un pódcast producido en España no tendrá publicidad de servicios que se ofrecen sólo en España, sino que, al ser oído en su mismo país, la publicidad insertada será apropiada para su ubicación original; pero si alguien lo escucha en los Estados Unidos, la publicidad será de productos o servicios disponibles en Norteamérica. De forma que se optimizan las oportunidades para los tres roles en este proceso de comunicación: el emisor que necesita patrocinio, el receptor que obtiene ofertas que sí estén a su alcance y el anunciante que encuentra a su público objetivo sin importar que el contenido provenga de otro país.

¿De qué le sirve a un latinoamericano una oferta de un enlace afiliado en Amazon España, que sólo vende dentro de ese país? Y en el sentido contrario, ¿de qué le puede servir a un oyente español una oferta de telefonía de una compañía disponible sólo en México? Con este modelo, aunque el *podcaster* esté en España, el oyente de México oirá los mensajes publicitarios válidos en su ciudad. Y el oyente español oirá mensajes publicitarios válidos en su localidad, aunque el pódcast que escuche provenga de Colombia o de Argentina.

Pero no todos los servicios de pódcast pueden ofrecer este tipo de publicidad. Algunos, como Acast, pionero en el sistema, lo hacen desde su plataforma afianzada en Suecia, Reino Unido y Estados Unidos. Otros servicios lo han estado implementando incluso en cooperación con Apple Podcasts. Superan lo conseguido, por ejemplo, por YouTube, que necesita mantener sus contenidos sólo dentro de su propia plataforma. Con esta nueva posibilidad, los pódcast alojados en AudioBoom, Blubrry, Spreaker, Whooshkaa o Libsyn pueden tener publicidad "dinámica" insertada para cada oyente de manera individualizada, de acuerdo con su ubicación geográfica y con otros datos demográficos relacionados con *Big Data* o análisis y procesamiento de enormes cantidades de información de los usuarios.

De esta forma, los anuncios publicitarios que escuchemos en nuestro país y nuestra ciudad pueden estar definidos también por aspectos nuestros como el género, la edad, las tendencias políticas, las preferencias y hábitos alimentarios, y por el día de la semana y la hora en la que escuchemos. De manera que una persona vegetariana podría estar escuchando al mediodía un anuncio de un nuevo restaurante recién inaugurado en Santiago de Chile, mientras oye un pódcast de ciencia grabado en España seis años antes.

Otras compañías que avanzan hacia hacia la publicidad dinámica son Podctrac, Wide Orbit y Radio Tail.

Venta de otros productos del *podcaster*

El mercadeo de contenidos y la mercadotecnia de atracción, también conocida como *inbound marketing*, buscan ofrecer información de interés a un segmento de público o de audiencia con publicaciones en blogs, videos, boletines de correo tipo *newsletter* y, por supuesto, pódcast.

El objetivo de esta práctica es ofrecer información útil a un potencial consumidor y lograr, de ese modo, que quien dé la información gane autoridad como experto en un campo del conocimiento o en una actividad comercial. Por eso, quien hace un pódcast puede obtener con su programa de audio un medio propio para promocionar y anunciar sus productos y servicios. El pódcast se convierte en su mejor vitrina de ventas, sin las limitaciones de tiempo o espacio disponible para informar sobre su producto a los clientes potenciales.

Esta estrategia funciona muy bien para profesionales y empresas que venden cursos en línea, talleres presenciales, seminarios, libros y suscripciones a servicios de educación. Pero también es útil para compañías que, además de buscar difusión en medios de prensa convencional, ofrecen contenido en pódcast y aprovechan la oportunidad para promover sus productos en venta. Es el caso de los pódcast de empresas importantes como *The New York Times* que, además del contenido periodístico en su pódcast *The Daily*, puede incluir publicidad de marcas patrocinadoras externas, marcas y campañas asociadas; así mismo, puede promover la venta de suscripciones tradicionales al periódico.

Episodios pagados

Hay dos formas de entender los episodios pagados, dependiendo de que los pague quien quiere crear el episodio o quien quiere oírlo. El primer caso se refiere al contenido hecho para una marca bajo petición, en una modalidad denominada *branded content* o contenido de marca, en la que se busca generar notoriedad y afinidad entre una marca comercial y sus clientes o usuarios.

Para ilustrar este concepto, se suele citar la serie de dibujos animados *Popeye el marino*, y se dice que, con un personaje fantástico como éste, que comía espinacas para ser instantáneamente muy fuerte, se habría podido aumentar el consumo de espinacas en los Estados Unidos.

En este nivel, la idea de los episodios pagados se enlaza con el concepto del *storytelling* en mercadeo, buscando contar historias que permitan llevar mensajes patrocinados o ejemplares de lo que una compañía o marca desee transmitir. También una marca puede crear contenido para facilitar la atención a sus clientes, o enseñar a usar sus productos.

En el segundo caso, está la posibilidad de usar plataformas que exigen pasar un muro de pago o *paywall* para que un usuario final pueda acceder a un episodio o una serie pódcast. En relación con esto, empresas como Podbean y Acast ofrecen la posibilidad de que un podcaster publique episodios que sólo podrán ser escuchados si el usuario paga por ellos.

Al hablar de muros de pago debemos diferenciar dos tipos de límites: el "rígido" y el "blando". En el primero, hay que pagar una suscripción para acceder al contenido: quien no pague no podrá obtener el material. En el segundo, el "blando", tendremos las formas de pago que permiten entrar antes en un nivel gratuito, en el cual se puede acceder a parte del contenido. Algunos episodios estarán disponibles sólo para quien pague, y otros gratuitos, con un límite mensual o semanal para acceder a un número específico de artículos o episodios; o simplemente por títulos: unos gratis y otros sólo para suscriptores de pago.

Una modalidad similar puede ser la de Patreon, que permite publicar episodios que quedan disponibles sólo para quienes hacen donaciones o patrocinios periódicos al creador de contenido.

Impulsar un pódcast

Llegar a tu público.

¿Qué estrategia usar para que la gente empiece a escucharte o para posicionar tu pódcast? Una vez que tengas tu programa definido y lo comiences a publicar, seguramente querrás llegar a más personas; y podrás hacerlo siguiendo una de estas vías de promoción.

Con enlaces

Puedes pagar campañas de publicidad usando AdWords de Google o Facebook. Son opciones que te costarán y podrán funcionarte en mayor o menor medida según el desempeño de las palabras clave que uses para segmentar el público al que quieres llegar y las imágenes que elijas para tus anuncios. Ésta suele ser una opción válida para usuarios avanzados que ya conocen el manejo de estos sistemas de publicidad.

Algo similar se puede conseguir con la ayuda adecuada de influenciadores, creando publicaciones que contengan un enlace directo a tu pódcast en estos servicios:

Twitter

Facebook

Listas de difusión en WhatsApp

Telegram

Instagram (en historias con enlaces automáticos)

- Desde Spotify

Destacados editoriales

Puedes también lograr estar entre los recomendados por selección editorial de las plataformas, que buscan contenido nuevo para destacar y que podrían encontrar interesante tu pódcast; pero, en este caso, sólo se logra con plataformas que destaquen contenidos en el idioma en el que estás publicando. Por ejemplo, en español, suele haber destacados en Apple Podcasts, Spotify, iVoox, en iTunes, en AudioBoom y poco más.

Optimización SEO

La forma más natural de crecer en audiencia es encontrar el público objetivo que esté interesado en el tema que has decidido tratar, y puedes lograr eso con una adecuada estrategia para aparecer en búsquedas. Esto se consigue mediante la elección correcta del título de tu pódcast, el título puntual de cada episodio y la adecuada ubicación tanto de tu contenido dentro de las categorías temáticas de pódcast disponibles como de las etiquetas *#tag* que pongas en tus publicaciones. Un correcto y sabio etiquetado te ayudará a aparecer en las búsquedas y sugerencias para los nuevos oyentes.

Para algunos pódcast ha sido exitosa la práctica de publicar la **transcripción del audio** en artículos web, que permitan que más personas encuentren el contenido desde buscadores como Google, pues los artículos con mayor número de palabras tienen más opciones de aparecer como resultados de búsquedas.

Un paso importante para esto es la creación de una página web oficial, o de un blog en WordPress, Medium, Tumblr o Blogger. O crear una página para el pódcast en un servicio web como Podpage y Podcastpage.

Algunos servicios que ofrecen ayuda automatizada para obtener la transcripción del audio en texto escrito son:

Trint

Sonix

Headliner

Pinpoint (gratis para usuarios de Google Journalist Studio)

Descript

HappyScribe

Youtube (crea subtítulos automáticos cuando subes un video)

Word (con la opción de dictado)

Nombre fácil de recordar y recomendar

Para que tu audio (o video) sea encontrado fácilmente por personas correctas, las que disfrutarán de tus contenidos y te ayudarán a compartirlo y a multiplicar tu alcance, me atrevo a recomendar que unifiques tus redes sociales. Usa el mismo nombre en Twitter, Facebook, Spreaker, AudioBoom, iVoox, Snapchat y todas las redes en las que estés.

Luego puedes promocionar el nombre de tu pódcast con imágenes atractivas en redes sociales. De esta manera posicionarás el nombre incluso donde no se puede poner enlaces. Por ejemplo en videos de Instagram, TikTok y Kwai

Publicar en más plataformas

Cuando el propósito es ampliar el alcance de nuestro mensaje es posible volver a publicar los audios en sitios a donde no llegaría originalmente un pódcast por si solo. Por ejemplo en Youtube, Soundcloud, Mixcloud, videos de Facebook, audios de Telegram y de Whatsapp.

Con este método no se puede tener seguimiento al número de veces que un episodio es escuchado, pero definitivamente se logra llegar a más personas.

Plataformas emergentes y nuevos canales de promoción

En 2025, han surgido nuevas plataformas y herramientas que permiten a los creadores ampliar su visibilidad y captar audiencias más específicas:

TikTok y los microclips virales:
TikTok se ha convertido en una herramienta esencial para la promoción de pódcast. Editar fragmentos destacados en clips de 30 a 60 segundos, con subtítulos automáticos, facilita que el contenido se viralice y llegue a públicos más jóvenes y activos en la plataforma.

Bluesky y plataformas descentralizadas:
Bluesky, Mastodon y Threads, con su enfoque en algoritmos personalizables y mayor control del contenido, permite una promoción más dirigida y auténtica para los creadores que buscan audiencias más comprometidas.

Amazon Music y Audible:
Amazon Music y Audible continúan creciendo como canales clave de distribución y promoción, especialmente para creadores que ofrecen contenido exclusivo o enfocado en nichos específicos.

YouTube Shorts y Reels en Instagram:
Aprovechar formatos breves como YouTube Shorts e Instagram Reels permite crear versiones resumidas de episodios, atrayendo nuevas audiencias y redirigiéndolas hacia el contenido completo.

Estas herramientas y plataformas emergentes ofrecen opciones innovadoras para llegar a más oyentes, aprovechar tendencias y posicionar el pódcast en espacios donde la competencia aún no es tan fuerte.

Offline

Si se trata de promocionar, nada nos obliga a usar solo medios digitales. El término *Offline* se refiere a todo lo que esté alejado de las computadoras o teléfonos inteligentes. Se pueden obtener buenos resultados haciendo publicidad en medios como la Radio, televisión, afiches, volantes de papel o con menciones o actuación en directo en eventos presenciales.

Promoción cruzada

En mi experiencia hasta ahora, no existe mejor método que el de integrarse a la comunidad de la *podcastfera* interactuando con otros *podcasters* y oyentes de pódcast en foros, en canales de Telegram, en Twitter y en grupos de Facebook. Las recomendaciones de los otros usuarios son las más efectivas de todas las formas para crecer con un pódcast independiente.

También en esta forma de divulgación puedes recurrir a la promoción cruzada, que consiste no sólo en enviar "promos" o audios cortos a los pódcast especializados en hablar de *podcasting*, sino en intercambiar menciones con otros pódcast. También funcionan bien los episodios de intercambio o invitación entre *podcasters*. Tú invitas a alguien a tu programa y otra persona te invita a ti, haciendo que los oyentes de ambos conozcan los proyectos.

Para el caso de los pódcast de intención profesional, realizados por compañías productoras o empresas de radio, las estrategias de difusión irán de acuerdo con su inversión monetaria y su aspiración. Algunas tienen convenio directo con Apple o Spotify para aparecer dentro de las recomendaciones editoriales; otras se acompañan de campañas en Twitter y redes con influenciadores, convenios con otras plataformas de pódcast y portales de internet, listas masivas de correo electrónico e incluso publicidad convencional en medios tradicionales, como televisión, prensa y radio.

La mejor de las estrategias de difusión de tu nuevo pódcast debería tener una combinación de todos estos medios descritos.

El final

Pero no definitivo.

Llegamos al final de esta edición 2022, pero queda abierta la puerta a las actualizaciones futuras. Algunas vendrán por necesidad natural del libro, pero también podrán venir por solicitud de los lectores que ya lo hayan comprado o recibido como regalo y que aún tengan preguntas o inquietudes por solucionar.

Para esos casos, la propuesta es que las solicitudes, ideas, sugerencias, reclamos y peticiones para nuevos capítulos sean hechas en *TodoSobrePodcast.com*, de manera que allí mismo se puedan publicar algunas respuestas rápidas y abrir posibles diálogos sobre las futuras extensiones y correcciones del libro.

Te doy las gracias por haber leído hasta este punto. También te pido tus comentarios, que puedes publicar en la página web o, si lo prefieres, en privado al correo *TodoSobrePodcast@Locutor.Co*

Gracias.

- Félix.

Bibliografía y Agradecimientos

Reflexões sobre o podcast, Bia Kunze, Christian Gurtner, Eduardo Sales Filho, Kell Bonassoli, Leo Lopes

De los medios a las mediaciones, Jesús Martín Barbero

Voici les treize mutations qui sont en train de révolutionner la radio, Frédéric Martell

El Podcasting, la (r)evolución sonora, Tony Sellas

Via Podcast, Melvin Rivera

9decibelios.es, David Arribas

Shure.es Contenido educativo

FranciscoIzuzquiza.com

Música audiovisual, Teresa Fraile

El derecho de transformación de las obras de espíritu, Héctor S. Aylón Santiago

Breve Diccionario Audiovisual Ibermedia, Programa Ibermedia

GorkaZumeta.com

La Galena del Sur, apuntes sobre la radio, desde Uruguay, Horacio A. Nigro Geolkiewsky

Podcasting For Dummies, Tee Moris, Evo Terra

Podcasting: Así lo hago yo, Emilio Cano

Microsiervos.com

Cursos de Podcasting, Joss Green

Aprende a crear tu podcast ideal, Nación *Podcaster* José David Del Pueyo @sunne

podkas.com Francisco González @Madrillano

Cuaderno de Podcasting Francisco Izuzquiza

Pedro Mª Sánchez

Sergio R. Solís

Jarras y Podcast, Jesús A. Cruz

www.ingramcontent.com/pod-product-compliance
Lightning Source LLC
LaVergne TN
LVHW051433050326
832903LV00030BD/3053